当代电视新闻编辑的创新与传播

◎隆群良 著

中国纺织出版社有限公司

内 容 提 要

在当代新闻传播领域，新媒体以超出我们想象的速度占据了人们的生活空间和信息场域，在传统媒体还在探索如何利用和掌握新媒体或融媒体的规律和法则时，“自动化新闻写作机器人”在西方传媒业大放异彩。作为电视新闻的实践者，应据时而“变”。本书从电视新闻编辑的本质和内涵出发，深入研究电视新闻编辑传播遵循的基本规律、基本方法和技巧，并积极探索当代出现的一些新的编辑规律和方法，论述新形态下电视新闻的发展。

图书在版编目（CIP）数据

当代电视新闻编辑的创新与传播 / 隆群良著. -- 北京：中国纺织出版社有限公司，2020. 4（2025.1重印）
ISBN 978-7-5180-7180-7

I. ①当… II. ①隆… III. ①电视新闻—新闻编辑 IV. ① G222.1

中国版本图书馆 CIP 数据核字（2020）第 033044 号

策划编辑：张淑媛　　责任校对：王花妮　　责任印制：储志伟

中国纺织出版社有限公司出版发行
地址：北京市朝阳区百子湾东里 A407 号楼　邮政编码：100124
销售电话：010 — 67004422　传真：010 — 87155801
http://www. c-textilep. com
中国纺织出版社天猫旗舰店
官方微博 http://weibo. com/2119887771
三河市悦鑫印务有限公司印刷　各地新华书店经销
2020 年 4 月第 1 版　　2025年 1 月第 2次印刷
开本：787×1092　1/16　印张：11.75
字数：211 千字　定价：68. 00 元

前 言

我们所处的时代，既是社会转型的时代，也是新媒体时代。在当代媒体环境下，新闻信息的传播数量、速度、广度、深度和路径都发生了质的飞跃；当下人们困惑的已经不再是如何获取信息，而是如何从浩瀚的信息海洋中找到自己感兴趣的信息。新媒体的技术优势正在改变着人们接受信息的方式，使很多人改变了从电视新闻媒体获取信息的传统路径。但是，对于电视新闻媒体而言，新媒体的技术并不是颠覆性的，它只是应用了新的介质、平台、渠道和传播手法，而对新闻信息的本质属性并没有带来实质性的改变和突破。因此，“新”“旧”媒体间的竞争，最关键的还在于对新闻信息生产的竞争。坚持媒介融合，积极、主动地借助新媒体技术的优势，再造新闻生产流程，便是电视新闻媒体应对新媒体冲击的应循之道。

本书建构了一个完全创新的体例，力求具备更丰富扎实的知识点、深入独到的理论见解和融会贯通的实用性。本书共分为六个部分，在绪论中提纲挈领地阐明了电视新闻的定义、职能与电视新闻事业的发展，并对当代电视新闻的特性和优势作了富有独到见解的论述。第一章论述了当代媒体环境下的电视新闻业务，内容涉及当代电视新闻业务的生存状态、发展的环境与困境分析、发展的动力机制，并提出在当代媒体环境下，电视新闻面临的从未有过的机遇和挑战，变革与创新是其发展的必由之路，对其创新与发展的路径，笔者作了全面而深度的解析。第二章阐述了当代媒体环境下的电视新闻编辑转型，首先对电视新闻编辑工作作了简要的论述，接着提出全媒体融合背景下电视新闻编辑所面临的挑战，并就这种挑战提出了转型对策；本章还对当代电视新闻编辑的素养与互联网思维、传统电视新闻栏目策划与节目编排、网络与移动媒体新闻编辑的重要理论与实践问题进行了更全面、透辟的论述，力求读者能够全面地认识电视新闻的转型之路。第三章探究了当代媒体环境下的电视新闻生产的创新发展，首先对电视新闻生产在当代媒体环境下受到的影响、面临的问题进行了分析，然后对全媒体融合下的电视新闻生产流程再造、报道采编创新、直播创新等内容进行了循序渐进的解析。

第四章对当代媒体环境下的电视新闻传播创新进行了详细研究，阐释了当代电视新闻传播的整体走向，重点论述了当代电视新闻传播理念的转型与重构及全媒体融合下电视新闻传播途径创新。在结语中笔者提出对电视新闻媒体对未来发展的预测，对技术的反思。

本书既涉及经典的理论和案例，又包含最前沿的学术和实践，力求把最经典、最前沿、最好的知识营养奉献给读者。基于这样的理念，本书参考了诸多专家学者的真知灼见，在此表示敬意与谢意。此外，由于笔者水平有限，书中尚存不足之处，望各位读者、同仁批评指正。

作者

2019 年 12 月

目 录

绪论

一、电视新闻的定义

电视新闻，就是通过电视这一新闻媒介来传播的新闻。从广义来说，它应包括凡用电视来传播的各种体裁的具有新闻属性的节目，包括消息、新闻专题节目、新闻专题片、新闻纪录片、新闻系列片、新闻述评等。从狭义来说，也可单指通过电视来报道的消息这单一体裁。本章主要从狭义上探讨电视新闻。

要从定义上来弄清什么是电视新闻，是一件很不容易的事，因为对于“新闻”一词，至今还没有人能作出完美而又为世人所公认的贴切的解释。

从1200多年前我国汉代出现《邸报》时起（也有的学者认为汉代未出现过《邸报》，最早的报纸始自唐代），人类社会就有了新闻业的雏形。到了近一二百年间，世界各国新闻业蓬勃兴起，许多专家学者对“新闻”一词先后作过多种多样的解释，绞尽脑汁来试图给它作出科学的定义，但至今尚无一人的解释能够获得公众的认可，在“新闻”到底是什么这个问题上始终未能达成共识。

美国威斯康星大学新闻学院教授白来耶认为：“新闻是最近发生的、能引人兴味的事实。”

美国《纽约太阳报》主编版纳认为：“新闻是一种令人惊叫的事情。”

德国柏林大学教授多比法特说：“新闻就是把最新的现实的现象在最短的时间距离内，连续介绍给最广泛的公众。”

日本学者关一雄认为：“所谓新闻，就是为了向大多数人传播知识和趣味，把最新的或者与现在有关的所有事物的存在、变化、兴衰、发展等现实情况印出来的报道。”

此外，在西方新闻界，还有一些尽人皆知的观点，如“狗咬人不是新闻，人咬狗才是新闻”“能让女人喊一声‘啊呀，我的天呀’的东西就是新闻”，等等。

我国学者对新闻也有过各种各样的解释：

范长江说：“新闻就是广大群众欲知、应知而未知的重要事实。”

徐宝璜说，“新闻，是最近时间内所发现与人类生存有关联的事实与现象”，是“多数阅者所注意之最近事实”。

陆定一说：“新闻是新近发生的事实的报道。”

王中说：“新闻是新近变动的事实的传播。”

甘惜分说：“新闻是报道或评述最新的重要事实以影响舆论的特殊手段。”

陆云帆说：“新闻是新近发生和发现的事实的传播。”

上述定义，有把“新闻”一词当作名词来解释的，即着眼点在于说明什么样的对象才称得上是“新闻”；也有把“新闻”当作动词来解释的，即致力于论述报道些什么才算得上是“新闻”。由于这些大师在解释该词时对词性的定位问题着眼点各不相同，因而所作出的定义也就不可能是相同的了。

那么，“新闻”到底是什么呢？

从名词的角度来看，所谓“新”，当属“出现不久”“发生不久（也即新近）”；所谓“闻”，则指“传闻”“听闻”或“值得闻之（也即有传播意义）”，“新近”和“有传播意义”两者缺一不可。假若只“新”而“无传播意义”，则如天刚刚黑下来，但天会黑下来是人们预料中必然要出现并且人人都能看见的情况，用不着谁去传播这个信息，也即传播这个信息毫无意义，因而此事对常人而言就算不上是新闻，但对于那些在矿井下、黑暗的山洞中的人或是盲人来说，向他们报告“天已黑”的消息却是有意义的，可以使他们知道又过去了一个白天，因而，“天已黑”对其来说仍不失为一条新闻。反过来说，假若只有传播意义而事情的发生已经过去很久，如三国故事虽吸引人，有传播的意义，但那些故事早已成为历史，同样也称不上是新闻。

据此可见，新闻当是指那些新近发生且有传播意义的事，但仅以此来定义还不够科学，因为客观上还存在特殊情况和例外。比如，有些人人都公认为新闻的事件或事实，其实非但不是新近发生的，而且还过去很久了，如在我国，古代因交通和通信困难，就连皇上驾崩的消息也常要过数年才能传到边塞和南洋的一些小岛，消息传到之时尽管事件已过了数年，但谁能说皇上驾崩一事在这些地方不算新闻呢？再如，有时天文工作者从天文望远镜中观察到了远隔数百万光年的银河系外的遥远天际中某颗星球正在坠毁，该星球坠毁一事对于人类来说无疑当数新闻，但其非但不是新近发生，而且发生至今已时隔数百万年了，只不过是由于距离太远，光把这一信息传到地球所费的时间太长，以至于地球上当今的人还有幸能够在现在观察到这一从发生至结束的整个过程都已过去几百万年的事件罢了。

综上所述，所谓新闻，当是指那些新近发生或新近才有可能获悉其发生，且有传播意义的事态。换言之，新闻是指具有传播意义，且在新近发生或新近才有可能获悉其发生的事态。

电视新闻，在时效上与报刊新闻又有所不同。报刊所能报道的新闻，仅仅是“新近发生或新近才有可能获悉其发生”的，即属于“过去时”的事态；而电视新闻，不但能对“过去时”的事态进行报道，还能以现场实况转播的方式，对正在发生的事态进行即时报道。因而，如果上述定义成立的话，那么对“电视新闻”一词的定义，就应当表述为电视新闻是正在发生、新近发生或新近才有可能获悉其发生并适于通过电视传播且有通过电视进行传播之意义的事态。换言之，电视新闻是适于通过电视来传播，并有通过电视进行传播之意义的正在发生、新近发生或新近才有可能获悉其发生的事态。

以上是从名词的角度来对“新闻”及“电视新闻”下的定义。如果从动词的角度来解释，则应当是：新闻是对新近发生或新近才有可能发现其发生并且有传播意义的事态的传播。换言之，新闻是对有传播意义且在新近发生或在新近才有可能发现其发生的事态的传播。同样可得，电视新闻是对正在发生并新近发生或新近才有可能发现其发生并适于通过电视传播且有通过电视进行传播之意义的事态所作的电视传播。换言之，电视新闻是对适于通过电视来传播并有通过电视进行传播之意义的正在发生、新近发生或新近才有可能获悉其发生的事态所作的电视传播。

二、电视新闻的特点与优势

（一）形象直观

电视传媒在对新闻和信息的传播上最显而易见的优势是形象直观，声画同步作用于受众。电台广播虽然能使人闻其声但却不能见其形，而电视在信息传播中，观众除可听到播音员的播讲外，还可看到现场画面，听到现场人物的言谈、歌唱、哭笑、叫喊及现场的各种音响，能身临其境般地感受到事件或事实现场的真实情况。

（二）信息量大

观众在观看电视新闻时，除了能获得电视台所传播的新闻外，还可通过电视上的画面来获知其他许多与新闻内容有关或无关的所需信息。比如，电视上播送某地农村春耕生产情况的新闻，观众所获得的不仅是该地的春耕动态，通过电视上的画面，往往还可看出该地是山区或平原、丘陵；从画中人的衣着多少看出当地气候的冷暖；从人们的服饰打扮和所用的劳动工具等方面了解该地的民俗风情及生产力的现代化程度等。若是画面上报道的是某部队的军事训练情况，也可从士兵所用的武器优劣来分析该部队武器装备的大致情况。

（三）精确度高

由于中国文字中一音多字和一字多音的现象普遍，电台广播在这方面要把某些内容表达准确相当困难，若是一般语句中的文字还可让听众从前言后语中意会出所叙意思，但若遇上人名、地名和物名，往往显得无能为力。而电视新闻在这方面就有足够的优势，因为它有声、光、画、字多个种类，在播讲中若遇到观众不好分辨的同音字，还可通过字幕来辅助理解，让观众能够真正听懂而不致产生歧义。

（四）感染力强

电视由于语言丰富，多种电视语言的复合交融同时作用于观众，能较强地刺激观众的多种感官，并促使观众对所播新闻产生更大的关注。同时由于这种刺激是以立体和较全方位的方式来作用于观众，因而能给观众留下较深的印象而记得较牢，从而传播效果也就更好。另外，由于电视在信息传播上是较全方位地作用于观众的感官，因而画面中的环境、人物的形象、人物的喜怒哀乐等的感染力均比较强，能较好地调动观众的参与意识，从而使信息传播达到更好的效果。

（五）传播迅速

报纸由于是定期出版的，其对信息的传播受到排版印刷、出版周期、投递发送等方面的限制，极少能够发布当天发生的事件消息；电影、新闻纪录片的采访、撰稿、拍摄、制作所花的时间还要更长，从事件发生到呈献给观众，少说也要十天半个月。而电视对新闻的发布就快多了，从事件发生时的采拍、解说词的撰稿到带子的剪辑播出，前后只需若干小时甚至更短时间就能完成。如属口播新闻，甚至还可在事发后数分钟内即向观众发布；而电视现场实况转播对信息发布的迅速，则更是电影、新闻纪录片、新闻报刊等传播媒介所不可比拟的。电视节目和电台的节目广播一样是通过电波来传送的，电波的传播速度每秒高达约 30 万公里，而地球的直径仅 12700 千米左右，因而电波传播在途中所需的时间完全可以忽略不计而视为播、收同步。

（六）受众广泛

电视不像报刊那样只有具备一定的文化水平的人才能接受，也不像广播那样只有听得懂某种语言的人才能理解，即使是目不识丁、不懂国家通用语言的人，也能从电视的画面语言、声响语言中领略其内容的大致意思，因而电视对信息的传播，不受文化、语言的限制而能为全社会、各阶层、各年龄段的人广泛接受。

三、当代电视新闻的职能分析

电视新闻节目在电视媒体中的突出地位主要是通过电视新闻节目职能的充分实现来确立的。

（一）报道新闻

电视新闻必须及时、客观、准确地报道以下内容。

1. 报道新近发生的重大党务、政务活动

我国新闻媒体的基本属性决定了各级电视媒体要自觉地在新闻节目中积极报道中央和地方政府新近发生的重大活动，成为发布政令的重要工具。在准确传送党和政府声音的同时，电视媒体也分享了人民群众由于对党和政府的信赖伴随而来的对媒体的信赖，并因此在社会大众中获得了普遍的公信力和强大的品牌号召力。

2. 报道党和国家的路线、方针，政策的新动态、新亮点

报道党和国家的路线、方针，政策的新动态、新亮点，目的是让这些路线、方针、政策在人民群众中达成共识。近几年，电视新闻传达政令的功能进一步得到强化。如今中央电视台的《新闻联播》已经成为名副其实的“要闻总汇”，其第一版块——时政新闻传达的是中央政府的最新精神，包括新出台的重大政策，发挥着大众媒体作为党、政府和人民的“喉舌”作用。各省市的电视媒体也必然要做本省本市的新闻联播，并用其中的一个版块传播地方政府的意志。

3. 报道领导人的活动

报道领导人的活动，目的是要实现领导与群众的沟通，满足公众知情的要求，

还可以让观众了解最新的重大事态。因此，无论是中央电视台的《新闻联播》，还是各省市的新闻，都需要安排适当的时段来报道各级领导人的公务活动。让群众了解各级领导人的公务活动还有另外两个方面的意义：一是用以塑造各级政府和主要领导人的正面形象；二是作为实施舆论监督的一种手段。

4. 报道重大事件

最近几年，电视新闻在报道重大事件上发挥了突出作用。报道重大、突发性事件，尤其是和人民群众工作、生活息息相关的灾害性事件，不仅可以满足人民群众知情的心理需求，更重要的是能够使公众对事件有一个准确的、全面的了解，以便迅速作出正确的决策——或消除疑虑，或帮助澄清，或参与救援。

（二）提供信息

广义的信息是指所有对象在相互联系过程中呈现出的各自的属性。狭义的信息是指能够消除接触者随机不确定性的物质。新闻学中的信息采用的是狭义的内涵，即所谓新闻信息，就是新闻的接受者从新闻传播内容中获得的原先不知道或不确定的具体事务。

信息必须包含新的情况、新的知识、新的内容，这是信息最基本的特点。信息可以共享，正是共享性才使信息得以传播。信息在传播过程中可以压缩，也可以扩展，还可以组合。两个及两个以上的信息的有机组合，可以产生新的信息。信息又都是相对的，信息的相对性体现在某个信息并不是对所有人都有用，因为接收者内在的需求存在不同。传播信息是电视新闻的主要职能。清晰、可靠的信息将有效消除或减少人们认识上的不确定性，因而是科学决策的重要依据。在市场经济条件下，信息资源既是企业用来寻找产品市场、扩展经营领域、实施战略定位的重要形式，也是个人形成价值判断、作出合理选择的关键资源。

电视新闻提供信息的职能要求电视新闻工作者首先要在观念上明确提供信息、致力于消除观众的不确定性是电视新闻媒体的基本职能，而且一切宣传都只能建立在提供信息的基础之上；其次要通过变一次性的终端报道为分阶段的连续报道，通过加强深度报道、综合报道、新闻评述，努力提高信息服务的质量。

（三）引导舆论

西方国家的一些学者认为“舆论”一词含有“天然的正当性”，只可“遵从”而不可“引导”。“二战”后，一些学者虽然认识到“舆论”本身在特定情况下可能包含的危险因素，但这在西方思想家看来还不足以构成“引导”舆论的理由。西方国家政府却未必这么认为。引导舆论不仅是他们梦寐以求的，媒体也经常心领神会。至于电视新闻媒体更是经常充当国家意志和国家利益的传声筒。

我国从不否认新闻媒体通过设置报道话题、突出报道重点、加大某些话题内容的报道量、控制某些话题内容的报道量等方法，在引导社会舆论发展走向上发挥的突出效能。

四、电视新闻事业发展简述

（一）外国电视新闻事业的发展

起初，发明电视的初衷只是为了通过图像乃至活动图像的异地传送来更好地进行异地间的信息传递和信息交流。而在这项尖端技术趋于攻克之时，发明者及欣赏者们起初也仅仅把它当作一种满足好奇心的消遣玩物而已。比如 1919 年匈牙利人冯米哈成功研制电视发送与接收系统，最初也只是用它来传送一把剪刀、一把钳子和一个信封等图像；1922 年艾德华德・贝林在巴黎开展的电视传送示范表演，是用电视来传送一束光线；1924 年美国的法恩斯沃斯开展的电视实验，是用来传送一张美元的图形；英国伯约翰・贝尔德同年所做的实验则是用来发射和接收一朵十字花，直到 1928 年 7 月他开展彩色电视发射实验时，发射和接收的对象也只是一个吐舌头的人。

由于电视在传播信息方面具有视听兼备、声画并茂、现场感强、可信度高和它在传播内容上具有兼容性（即各种形式的内容均可表现）及开放性（不受地域、民族、职业、文化层次、年龄阶段的限制，几乎所有社会成员均可接受）的特性，因此它一诞生，便被人们誉为是继空间艺术（绘画、雕刻、建筑）、时间艺术（音乐、诗歌）、综合艺术（舞蹈、戏剧、电影）之后的“第九艺术”，同时又因为它在信息传播上的迅速及时，很快便被人们列为重要的宣传工具之一。

最早把电视作为宣传工具的当数美国。早在 1923 年时，美国科学家詹金斯在电视技术尚未成熟之际，就通过实验装置从华盛顿向费城传送了当时在任的美国总统哈丁的照片；1929 年 8 月，纽约 W2XAD 电视台首次通过电视播出新闻，转播了奥尔巴尼民主党大会实况；1939 年 4 月 30 日，世界博览会在美国纽约举行开幕式，该国的 W2XBS 电视台也通过电视转播了这次博览会的实况并播送了罗斯福总统在会上所作的演说；6 月 16 日，美国的杜蒙电视台正式开办了电视新闻的晚间固定栏目“华盛顿之讯”。1973 年美国的“水门事件”发生后，《华盛顿邮报》等报纸曾作了详细披露，但反响并不是很大，后来哥伦比亚广播公司播出了反映该事件的一部纪录片，社会舆论迅速升温，最终迫使尼克松辞去总统职务。据此，美国电视界津津乐道，并扬扬自得地宣称“一个小时的电视节目威力远胜于三个月的报纸”。

美国人从电视诞生之初就将电视当作宣传工具，开了用电视播发新闻之先河后，世界各国随后争相效仿，几乎各国所有的电视台，都很注重新闻类节目的开办。

1931 年英国的 BBC（英国广播公司）电视台建成开播后，也经常安排转播在该国各地举办的赛马会等动态新闻。法国于 1935 年利用埃菲尔铁塔作为天线发射架建起电视台后，开播的第一个节目就是让浓妆艳抹的女播音员面对观众讲话，向观众播报口播新闻。

深谙电视媒介宣传作用的希特勒，更是从拥有电视这一宣传工具之日起，就赋予了它为法西斯政治服务、担当法西斯专制主义“喉舌”之使命。1936 年 3 月，纳粹德国的电视台电缆传输铺设工程刚一完工，其当局就明确规定：“电视节目的第一步，‘就是要把领袖的形象深植在每一个德国人的心中’。”之后，这家德国帝国广播电台所播出的电视节目，都是在希特勒的直接授意下，不厌其烦地炫耀德国的武力和鼓吹日耳曼人的人种优越论，为其日后向世界各国侵略、扩张鸣锣开道。

随着竞争的日益激烈，各大电视台在新闻竞争中都使尽浑身解数来吸引观众。1976 年，美国西屋电器公司下属的 CBS 电视台首开了时长只有一分钟的“新闻胶囊”（News Capsule）节目，穿插在晚间黄金时段的娱乐节目中播出，在有限的 60 秒中，有 42 秒用于带有图像的新闻报道，8 秒用来播报口播新闻，还有 10 秒用于广告，这种形式的新闻报道很受观众欢迎。“新闻胶囊”节目的成功，使得不少电视台争相效仿，各大电视台的新闻节目，从栏目设置到播出时间的安排，从节目内容到表现形式，都不断推出各种新花样。

20 世纪 80 年代以后，由于卫星技术的成熟，许多国家都积极发展卫星电视，把本国的电视节目推向全球。美国 CNN（Cable News Network，美国有线电视新闻网）电视台捷足先登，在全球最先推出了“地毯式、全方位、无截稿时间”的 24 小时滚动播出新闻的新举措。截至 1991 年，全球已有 256 家电视台收转或收录其新闻节目，使该台成了事实上的“世界最新信息发布中心”。现在，CNN 电视台开设有 8 个频道，设有 9 个国内报道分部，还在国外设有 24 个记者站，该台的新闻节目制作类似于工业生产的流水线作业：驻地记者只管采集当地发生的各种最新新闻和按各栏目的要求有针对性地去猎取各种所需的新闻，栏目编辑则负责撰写导语、提要和根据制片人的意图来处理稿件、编辑画面。此外，CNN 电视台还设有嘉宾预约部，负责了解各栏目所请的嘉宾的联系方式、预约及收集他们的背景资料以供制片人、主持人参考。由于分工明确和科学协调，整个 CNN 电视台在采制和发布新闻上就像一部高速运转的机器，有条不紊，效率很高。

由于美国国内的新闻竞争很激烈，为了能够吸引观众，各新闻媒体最感兴趣的是灾难报道和时政报道，尤其是对灾难性事件，各通讯社、报社、电台、电视台的嗅觉都很灵敏，一旦有车祸、水灾、火灾、爆炸、飞机失事、地震、沙尘暴等灾难发生，各新闻媒体一般都能在几分钟内就作出反应，一些电视台甚至将转播车也开往现场，并在极短的时间内就可以播出来自现场的报道。

在美国电视新闻的激烈竞争中，也出现了一些不良倾向，某些电视台为了吸引观众，不惜通过刻意突出新闻事件中的矛盾冲突、感官刺激，甚至用插科打诨的方式来讨好观众，这种“通俗小报式”的电视节目，虽然一出现就被一些严肃的观众斥为“垃圾新闻”（News Junk），但因其迎合了某些观众的庸俗需求也能大行其道。

美国的新闻媒体向来自我标榜“客观”“公正”，其实它们所开展的新闻宣传同样是带有倾向性的。对国内新闻的报道，新闻媒体最感兴趣的是猎奇、炒作，为了吸引观众眼球，他们不惜将某个人的不幸遭遇渲染成好像是天下最值得同情的事；而对于国际新闻的报道，则都是把维护美国的利益放在首位，如 1990 年 1 月 29 日，联合国安理会通过了同意美国使用武力将伊拉克军队逐出科威特的决议，美国各新闻媒体尤其是三大电视网都对此事作了大量报道以说明美国政府发动海湾战争的“合法性”，但在一个星期后，当联合国大会以 144 票对 2 票通过了关于召开国际和平会谈来解决中东危机问题的决议时，对联合国所作出的这个于美国不利的决议，美国所有的媒体都避而不谈；在之后的美国轰炸我国驻南联盟大使馆和美国在我国领海上挑起的撞机事件，以及美国绕开联合国而擅自发动的伊拉克战争，还有近年来的朝核问题等，美国各媒体的报道也都带有明显的倾向性。

在用电视传媒为政治服务方面，世界各国历来都不遗余力。

自 1991 年 11 月起，英国的 BBC 电视台通过我国参与经营的“亚洲 1 号”卫星，开始了 24 小时全天候向全球播报新闻，声言要“就重大国际事件传播英国的观点”。

与此同时，德国也从1992年4月起，通过卫星的转播，不但将其“德国之声”电视台的节目覆盖至全欧洲，还向亚、美两洲延伸。“德国之声”的一位要员声称：“该台就是要以提供新闻为主，通过办好具有竞争力的电视广播来提高德国的国际地位。”

1993年1月，法国在欧洲各国的鼎力支持下办起了“欧洲新闻电视台”，该台每天的播出时长为20小时，其稿源由欧洲各国的广播电视媒介提供，经重新编辑之后同时采用5种语言进行播出，其信号通过“欧洲卫星IIF1”转发，信号现已覆盖了30多个国家。

1995年，位于西非的尼日利亚联邦共和国也开办了“非洲独立电视台”，该台以播新闻与信息节目为主，实行24小时全天候滚动播出，节目信号通过“俄罗斯2号”卫星转发。由于信息量大和覆盖面广，建台不久，就成为世界了解非洲的一个重要“窗口”。

2006年1月1日，位于西亚阿拉伯半岛东部的阿拉伯联合酋长国郑重宣布，其国家通讯社——“阿通社”，从即日起开始向欧、美、亚、非四大洲各国的媒体用户播发电视新闻及发表其对世界各种重大事件的评论。节目分别采用英语和阿拉伯语播发，信号全部数字化。

值得一提的是，在英国，只有民营的商业广播电视公司才可播出广告，靠盈利来维持运转；而属于国营的英国广播公司虽然也是世界上最有实力的电视传媒机构之一，但它却是非营利性的。英国广播公司电视台自建台以来，从未播出过广告，其经济来源全是由政府通过征收广播电视接收机执照费来拨款，可见该国政府也是把新闻机构视为“喉舌”的。

英国电视的主流频道不多，但其节目安排却很合理，频道与频道之间从无栏目、题材的“撞车”或“空档”现象，因而观众无论什么时候打开电视，基本上都能找到自己想看的节目。此外，英国电视的新闻节目多是以报道社会新闻和百姓生活为主且多以现场直播的方式进行报道，如在报道灾难性新闻时，甚至还可看到播音员或主持人身穿雨衣伫立于风雨中或身处洪水、废墟、泥石流等险境艰难地向观众叙述新闻的情景。

西方发达国家由于新闻竞争十分激烈，同行之间多是互相拆台，若有哪家媒体出现失实报道或搞有偿新闻，就会遭致众多同行竞争对手的大力围攻，之后便是广告收益大跌甚至单位倒闭。因而各新闻媒体都很注重塑造自己的公众形象，对采编人员的约束都很严格，凡是出现失实报道或搞有偿新闻，一经发现，当事人即被开除，并且凡是因报道失实或搞有偿新闻而被开除的新闻从业人员，也就终生失去了从事新闻工作的机会，因为对损害媒体形象甚至危及媒体生存的人，任何新闻单位都是十分痛恨的。

（二）我国电视新闻事业的发展

由于电视在信息传播方面的迅速及时乃至能与事件发生的过程同步播出，且能使受众获得直观的实况，因而尽管在现有的各种新闻媒介中属它最年轻，但它却以其功能较全而日愈显示出其拥有的能压倒广播并与报纸并驾齐驱的优势。也正是由于这一优势，决定了它必然要肩负起新闻媒介的职责。

与世界上许多国家一样，在我国，电视新闻也是伴随着电视的诞生而产生的。1958 年 5 月 1 日 19 时北京电视台（即今中央电视台的前身）建成试播，19 时 05 分播出了《工业先进生产者和农业合作社主任谈话》《到农村去》等新闻；5 月 8 日，播出了民主德国庆祝“五一”国际劳动节的庆典活动盛况；5 月 15 日，播出了介绍我国汽车生产情况的《东风牌小汽车》；6 月 1 日，播出了由我国电视台拍摄的第一部新闻片《中共中央机关刊物〈红旗〉杂志创刊》。9 月 2 日转为正式播出后，新闻节目的播出量逐步增加。国庆节当天，还对天安门广场的庆祝活动进行了实况转播；1959 年 4 月 18 日，直播了周恩来总理在第二届全国人民代表大会第一次会议上作政府工作报告；1960 年 4 月，转播了第 26 届世界乒乓球锦标赛在北京的开幕式；1960 年 9 月 5 日，周恩来总理接受英国电视记者的采访，北京电视台也进行了播发；1961 年 4 月，北京电视台还就老挝问题发过系列报道；1965 年 6 月 19 日，播出了越南总理范文同接见我国驻越南北方电视台记者朱景和的电视谈话情况等重大新闻。

从建台初期的 1958 年起，中央电视台就逐步开办了若干个固定的新闻栏目，如 5 月中旬开办了“苏联新闻”，6 月以后开办了“国际新闻”。限于当时的设备和技术条件，中央电视台在建台之初，多以播出电影片和东欧国家提供的新闻片为主。当时电视台的新闻节目基本上是用电影摄影机来拍摄的。我国第一代的电视新闻工作者们为办好新闻节目，克服了设备落后和设施不足等种种困难，土法上马，用几口大水缸来冲洗胶片，坚持办好新闻节目。1958 年 11 月 2 日，中央电视台正式开办了以报道我国新闻为主要内容的新闻栏目——“简明新闻”。

从 1960 年元旦起，“简明新闻”更名为“电视新闻”；至 1978 年元旦，鉴于全国各省区和部分地市都办有电视台，中央电视台的“电视新闻”栏目更名为“新闻联播”，播出的时间也由过去的不定期播放、每次播出时长仅 5 分钟发展到了天天都有“新闻联播”且每天均重播数次、每次时长达半个小时。加上“夜间新闻”“体育新闻”等栏目和不定期播出的各种新闻专题片，新闻内容在中央电视台每天播出的节目中都占有很大的比重。

和中央电视台一样，各省、市、自治区电视台和地、县电视台也无一例外地从办台时起，除收转（20世纪70年代前为录转）中央电视台的新闻外，也都设置有地方新闻栏目，通过电视屏幕向观众播报时事及本地动态。但在20世纪80年代之前，各台所播出的新闻节目，基本上都是沿用从报纸版面照搬过来的传统的内容。

20世纪80年代以后，特别是在第11次全国广播电视工作会议关于“四级办广播，四级办电视，四级混合覆盖”的重大决策出台以后，各地电视台不断增多，电视新闻的竞争日趋激烈。为了适应这一新形式的发展需要，各电视台都致力于节目的改革和创新，从栏目设置到节目的编排，都力图摆脱从报纸的宣传格局中衍生出来的传统的节目模式。在栏目的设置上，版块化、杂志化和主持人节目等新的宣传形式逐渐成了电视信息传播的主流；在新闻节目的内容顺序编排设计方面，也摒弃了照搬报纸版面布局形式的编排手法，改用了符合电视信息传播特点的心理效应式节目串接法，从而使电视对新闻和信息的传播，开始走上了属于电视媒介发展应走的道路。

近二十年来，由于科技的进步，也促成了电视传媒在节目的形式和传播载体上不断出新，许多题材的节目都逐渐由现场直播来取代传统的后期制作播出；大众娱乐、信息服务、电视购物等节目新品种的出现，使电视节目由过去的只由新闻、文艺、体育三大块构成发展到了多元化构成；观众参与、收播互动、异地联播等节目形式的出现，使电视节目由过去的单向传播发展到了双向乃至多边交流；而信号的数字化和互联网、手机的普及，又使电视节目的传播渠道拓展到了更多的领域。

从20世纪90年代中期起，我国许多电视台都大刀阔斧地进行了节目改版。尤其是进入21世纪以来，在湖南卫视的影响下，各电视台在节目的栏目和节目的形式上都竞相出新，再加上现今大力推广的电视数字化，更使电视传媒在新闻传播中的主体地位日益凸显，成为人民大众获知新闻、获取信息和休闲娱乐的重要媒体。

第一章　当代媒体环境下的电视新闻业务

本章通过对当代媒体环境下电视新闻的生存环境与状态进行考察，指出数字化催生了互联网、手机等新媒体，新媒体的强势崛起带来了自由、互动、个性化的传播手段和方式，极大地影响了人们获取和传播信息的旧有模式，促成了媒体格局的变动和调整，使电视新闻面临从未有过的困境和压力，在这种情况下，变革与创新是其发展的必由之路。

第一节　当代电视新闻业务的生存状态

新媒体发展势头强劲，传统媒介力图摆脱困局，使数字时代下的媒介融合为一个被广泛提及的关键词，这也是媒介发展的、不可逆转的必然趋势。互联网和手机等新媒体日新月异的技术进步和突飞猛进的高速扩张，正在改写现有传媒市场的版图和游戏规则，传统电视媒体面临着自它问世以来前所未有的挑战和压力，这将导致一场改变人们生活方式的新的传媒革命。

在这样一个大的语境下，在全球一体化、世界已成为麦氏所说的“地球村”的今天，世界各国的电视业都面临着巨大的挑战和压力，电视新闻业作为电视媒体的核心首先受到了新媒体的强势瓦解与分化，在当前的媒介格局下陷入困顿境地，生存现状的弱化已是不争的事实，求变图存和寻求新的发展平台成为当务之急。

数字时代下，电视媒体原有的“第一媒介”的强势地位不再，电视新闻的收视下滑，一系列调查数据提醒我们这一不得不面对的现实，业内外人士也对这一现状关注已久。

自 1969 年阿帕网的诞生，经过半个世纪的发展后，目前世界网民已经超过 43 亿，据第 44 次《中国互联网络发展状况统计报告》数据显示，截至 2019 年 6 月，我国网民规模达 8.54 亿，较 2018 年年底增长 2598 万，互联网普及率达 61.2%，较 2018 年年底提升 1.6 个百分点。中国目前已经成为网民数量全球第一的互联网大国，可以说，网络社会已经崛起，对传统媒体带来的挑战可想而知。

电脑、手机等移动设备的兴盛，使得人们能随时随地获取自己想要看到的信息，比起电视新闻，人们能更快速地从网络上了解社会事件的最新动态并发表自己的评论。互联网点对点的传播结构，使信息的渗透速度和传播范围更广。

曾经，传统电视媒体以其视听兼备、声画结合的纪实能力，对静态媒介的兼容能力及其让观众感受和见证世界上任何地方的重要历史事件的强烈的现场感，深刻地改变了人们的日常生活和大众文化，对媒介业乃至整个文化与社会领域产生了最为强大的影响力。但是在数字化生存的互联网潮流的冲击下，它的种种不尽完美之处暴露无遗，如信息传播的单向性、线性传播的易逝性、反映现实世界的表面性、真相披露的滞后性等，新的媒介、新的信息渠道和传播方式分流了传统电视媒体的部分观众。

早在 2002 年，凤凰卫视中文台执行台长刘春就发出了他称为“绝非危言耸听的盛世危言”。通过对上至央视下至省级卫视、城市台，以及境外媒体和民间制作公司的分析，他描述了中国电视业不太乐观的前景，认为中国电视业自 20 世纪 90 年代末以来改革步伐迟缓，特别是跟本来落后但不断锐意改革的平面媒体相比，“面对全球化步伐的加快，面对平面媒体的新格局，面对电脑前的一代一天天成长，我们必须充满危机感。”①

2006 年 10 月，上海东方传媒集团有限公司（原上海文广新闻传媒集团）总裁、东方卫视董事长黎瑞刚在北京大学发表了一场名为《颠覆电视》的演讲，他谈到新媒体的涌现使电视的业态、形态、内涵发生变化，颠覆电视就是要颠覆旧的媒体观念和思维模式。而美国微软公司董事长比尔·盖茨于 2007 年在瑞士达沃斯的世界经济论坛年会上说，随着在线视频产品的日益发展，互联网将在 5 年内“颠覆”电视的地位。

这些业内外的重量级人物对传统电视媒体命运的预测看似耸人听闻，但正如休伊特所说，“变化不是即将临近，而是就在眼前。人们将通过新的、与以往截然不同的途径来获取信息。”② 互联网络在新世纪的加速发展及 IPTV（交互式网络电视）、手机等其他新媒体的攻城略地，的确给电视、报纸等传统媒体带来了日益强烈的紧迫感和危机感。

---

① 刘春．中国电视的“盛世危言”[J]．现代传播，2002（01）：12—15.

② ［美］休·休伊特，等．博客——信息革命最前沿的定位[M]．杨竹山，潘浩，译．北京：中国铁道出版社，2006.

第二节　我国电视新闻业务发展的环境与困境分析

一、我国电视新闻业务发展的环境

当代媒体下，电视新闻的发展并不是一个孤立的课题，而必然会与其所处的环境产生联系。电视新闻媒体具有浓厚的事业单位性质，政治属性鲜明，深受国家的政策和行政指令影响。同时，随着新媒体时代的到来，电视新闻媒体又要面对激烈的市场竞争，被打上“市场化”的烙印。此外，面对新兴媒体的冲击，推动电视新闻媒体的融合发展势必会引致组织内部的变革。基于此，本节将从外部环境、内部环境两个层次出发，力图多层次、多角度、立体化地揭示当代媒体环境下电视新闻业务发展所处的境遇。

（一）外部环境分析

1. 政治环境

当代媒体环境下，电视新闻发展的政治环境是指影响电视新闻发展的制度环境。即便电视新闻媒体走融合发展之路，其依旧具有鲜明的政治属性，这是因为电视新闻媒体是党和国家开展宣传工作的“喉舌”，其一方面能够享受到更多的政策资源，另一方面也会受到更多的监管，承担起引导公共舆论的社会责任。这也就决定了电视新闻媒体的政治属性高于经济属性，宣传职责大于经营职责，社会效益重于经济效益。如何实现经济效益和社会效益的双赢，是当代媒体环境下电视新闻发展需要考虑的问题。

2. 经济环境

广播电视属于第三产业，依据产业链各构成部分的地位和作用，可以将电视传媒产业作如下分解。

（1）主导产业：电视节目的生产制作和电视节目经营。毋庸置疑，对于电视新闻媒体，电视节目的生产制作和电视节目经营构成了其生命线，是长期以来电视新闻媒体的核心竞争优势之所在。近年来，电视新闻媒体开始尝试将一些节目制作单位剥离出来，并进行公司化管理、市场化运作。此举有利于引入竞争机制，提升节目制作水平，为名牌栏目乃至名牌频道服务的创造提供契机。与节目生产制作紧密相关的是电视节目经营。电视新闻媒体生产制作的节目除满足自身需求外，还可通过市场化运营开发实现其价值和价值增值。当前阶段，在电视节目的生产制作和电视节目经营层面，电视新闻媒体仍存在较大的拓展空间。由于我国电视新闻媒体长久以来采用封闭式的生产方式，电视节目市场发展滞后，产业化程度比较低，产业价值尚未得到有效开发。

（2）支柱产业：广告业。广告是电视新闻媒体的主要经济来源，构成了电视新闻媒体生存发展的基础。进入新媒体时代，尽管业界呼吁电视新闻媒体应积极探索多元化的盈利模式，打破传统的依靠单一广告收入的模式，但是就目前情况而言，大力开拓广告市场仍然是最为理性的抉择。

（3）基础产业：网络经营和技术经营。首先，在电视传输网络领域，经过几十年的努力，我国在数字化、三网融合、双向网改造、高清互动方面均取得了长足进步。其次，在电视技术及其网络技术领域，目前仍然存在重复建设的问题。为此可通过资源整合形成整个电视新闻媒体统一的技术开发服务平台，实行企业化管理、市场化运作。

3. 社会环境

当代媒体环境下，电视新闻发展的社会环境是指影响电视新闻媒体运行的社会主体及其意识形态、行为习惯、价值观念、社会结构等要素。

（1）新媒体语境下，受众的行为习惯已经发生了潜移默化的改变。受众不再仅仅是被动地接收信息，而开始参与信息的传播和制作，拥有更多的传播权。在此背景之下，用户的参与意识显著增强，媒介传播过程中的互动性开始显现。基于这种情况，媒体应充分满足用户的参与需求。

（2）当前我国正处于转型时期，人们对精神生活、文化娱乐产品的需求不断增长，价值多元化的发展趋势日益凸显。为此，媒体应考虑受众日趋分众化的需求。

（3）随着经济的发展和收入水平的不断提高，受众的购买能力、选择能力、鉴赏能力大大提高，这对媒体的内容资源提出了更高的质量要求。

（二）内部环境分析

1. 优势分析

电视新闻媒体作为传统媒介时代的巨头，优势地位明显。归纳起来，主要体现在以下几个方面。

（1）传播内容更具权威性、公信力。新兴媒体信息传播主体的匿名和多元化，致使网络信息“垃圾”丛生、参差不齐，不乏负面、消极的信息，因而社会认知度相对较低。传统电视新闻媒体自诞生之日起，商业盈利属性较弱，主要承担政府宣传、舆论引导、社会监督等职能，其具有严格的节目审查和监管机制，与人们的日常生活又密切相关，多年来在受众心目中树立了很高的社会权威性。尤其是在重大新闻事件的报道中，电视新闻媒体的公信力、权威性更能得到彰显。

（2）内容制作的水平更高。电视新闻媒体拥有专业化的内容制作团队、设备资源及高额的节目经费，这也是其在传统媒介时代得以占据优势地位的重要原因之一。相比而言，相当一部分新兴媒体的内容制作者缺乏专业的训练，缺乏视频节目制作的经验。此外，长久以来，电视新闻媒体还积累了数量可观的版权内容资源，倘若充分利用数字化技术及网络技术，可将其快速转化为新媒体时代的内容优势。

（3）资源优势更为明显。首先，电视新闻媒体获得的政策资源和行政保护更多，典型的如广电新兴媒体的“牌照”，这有利于电视新闻媒体在当代媒体环境的发展中获取市场主动权。其次，人才储备更为丰富。电视新闻媒体拥有大量专业人才储备，在融合发展过程中可充分利用，将其转化为自身的核心竞争力。最后，设备资源更多。新兴媒体虽然在传播模式上具有很多优点，但在技术上还存在诸多掣肘。例如，电视新闻媒体在传统媒介时代累积了较大的设备资源优势，能保证高质量的视频享受和视觉冲击，而新兴媒体在这方面难以与之匹敌。

2. 劣势分析

进入新媒体时代，电视新闻媒体在发展中存在一些劣势，归纳为如下几点。

（1）事业单位体制不利于参与广泛的市场竞争。首先，电视新闻媒体长久习惯于封闭、垄断的环境，市场运营更容易受到政府和行政部门的限制。尽管当前电视新闻媒体所处的封闭、垄断环境已开始逐步消解，但原有的惯性依然会持续一个时期。一旦开始与新兴媒体等市场化的主体进行竞争，体制、机制上存在诸多掣肘。其次，电视新闻媒体的行政色彩较为浓厚，不利于对员工进行激励，将阻碍人才的培养及引进。

（2）传统电视新闻媒体在新兴媒体运营方面缺乏经验。要把自身所固有的资源优势延伸到新兴媒体业务中，仍需一段时日。同时，电视新闻媒体在发展全媒体业务所需要的技术、资金、人才等关键资源的储备上尚有不足。

3. 外部环境优化

宏观政策对当代电视新闻媒体发展的方向和路径起着重要的导向作用，因此高效的配套政策环境是电视新闻媒体发展不可或缺的因素。从当前电视新闻媒体发展的实际来看，我国宏观政策还可在以下一些方面进行优化。

二、我国电视新闻业务发展的困境

（一）传播困境

对于新闻媒体而言，当代媒体环境下突出体现在“三网融合”后所形成的集成各类技术的平台上，以及由此而产生的信息传播的新特点。

“三网融合”后各类技术集成的平台彻底解构了传统的新闻信息传播模式。2011 年 6 月，我国开始部署“三网融合”，并于 2013—2015 年全面实施，使数字生活融入了寻常百姓家。“三网融合”让全国形成了一张大网，并毫无选择地被融入全球统一的信息通信大网络中，同时也为新媒体时代构筑了一个可以集成各类技术的巨大平台。网络和数字技术的融合使得信息传播、内容和通信服务的方式等发生了重大变革，尤其是个人信息发布与接收的具体形态发生了质的变化。用户可以通过电视、电脑、手机等终端，在任何时间和地点发布与获得任何想要的信息。人们用实际、可操作的手段参与社会政治，参与社会生活。过去对一个新闻信息的传播，都是由权威新闻媒体部门派出专业媒体工作者去挖掘和采集数据资料，然后制作出相应的新闻内容进行报道。在当代媒体环境下这样的逻辑已不再适合，新闻信息不再是以往的依靠传统媒体的单向传递，任何人面前都有摄像机和麦克风，很多时候，新闻信息反而是由网民首先提供。他们发布即时捕捉到的新闻信息，并伴随着大量的自由言论的跟帖热议，传统的信息传播模式开始被解构，传统新闻媒体的话语权受到挑战。

当代媒体环境下的信息传播呈碎片化、无边界化和互动性等特点。传统的杂志每月或每周出一册，互联网上的文章以篇为单位组织，而论坛和微博上，则是按一句话为单位组织，信息的使用粒度越来越小，越来越碎片化。“三网融合”后形成的大平台打破了业务应用的边界，任何人都可以在这个无边界的大平台上同时开着几个 QQ、微信、微博的窗口。而人人面前的摄像机和麦克风，让人人拥有“万能”的工具。任何一个信息的发布，都意味着信息在全国乃至全球的实时传递，并且可以瞬间得到反馈。信息的传播呈互动性。

当代媒体环境下，所有个人和组织都处于一个平等无阻的空间中，任何个人或团体都能随时建立直接联系，以往电视新闻单向式传播的层级式结构已不复存在。由此，传统电视新闻媒体首先面临的最大挑战莫过于新闻信息的即时捕捉、快速传递、权威性的跟踪报道。传统的电视新闻媒体如何应对？观念层面的快速转型应放在首位，继而才能真正开拓实践层面的深层次的媒体融合。

（二）体制困境

当前电视新闻媒体仍属于事业单位，行政色彩浓厚，“四级办台”[①]的体制牢固，在管理和运营体制上具有一些国有企业的通病。20 世纪末，虽然国家大力推动广电媒体管理体制的改革，但始终未触动其事业管理机构的基本属性。进入 2003 年，广电媒体体制改革的序幕才正式拉开，但进程缓慢，滞后于新闻出版业的改制。进入新媒体时代，环境处在跌宕起伏的变革格局中，在激烈的市场竞争中，电视新闻媒体亟须成为事实上的市场主体。如果不对现有体制进行变革，将不利于电视新闻媒体的融合发展。当前阶段，电视新闻媒体在体制方面存在如下一些问题。

（1）管理方式条块分割严重。虽然国家已制定了大量行政规章制度与管理办法用于规范传媒行业的发展，但决策机制、组织架构、人力资源建设等方面仍然存在诸多不合理因素，仍以“人治”居多。同时，牌照制度和行政区划的存在使得行业业态壁垒凸显，这导致各传统媒体的利益诉求难以统一，报纸、杂志、广播、电视各自为政。备受条块分割、多头管理体制的拖累，致使各类媒体管理效率低下，难以实现规模经济发展。

（2）法律法规体系仍亟待完善。当代电视新闻媒体的发展涉及政府、媒介机构及用户（或市场）。三者当中，政府应履行制度规范、制定及行业发展推动的职责。但是现阶段政府在电视新闻媒体融合发展中的作用仍非常有限，导致一些矛盾出现。首先，行业壁垒阻碍媒介融合进程。在数字化浪潮当中，电视新闻媒体的发展速度难以满足受众日益分化的需求。各类媒介均具有向其他媒介领域进行渗透的愿景与现实需求，但行业壁垒仍然存在，政府政策的推动力非常有限。其次，目前媒介管理法律仍亟待完善。例如，关于新兴媒体的基本法理尚不够健全，大多依靠相关条例的约束，容易造成管理上的缺位。推动媒体融合发展，需

① 即中央、省、地、县四级办电视台，这是我国电视事业发展的特点之一，甚至部分经济较发达的地区出现了“五级办台”。

要在传统媒体体制改革、文化产业政策、实施传媒集团融资等诸多方面进行法律法规体系的完善与重构。

（3）现代企业管理制度不够完善。长期以来，电视新闻媒体的事业体制色彩较为浓厚。虽然近年来加快了向企业改制的步伐，但法人治理、结构不完善、运营效率低下的情况仍然存在。媒介产业的发展应是企业行为和市场行为，但行政主导的计划逻辑的影响依然存在。电视新闻媒体要实现融合发展，建立和完善现代企业管理制度必不可少。

第三节　我国电视新闻业务发展的动力机制

一、当代电视新闻发展的利益相关主体

当代媒体环境下，电视新闻发展的动力机制存在的前提是相关利益主体的存在，正是它们之间特殊的制约关系，才使得媒体融合具有了突破困境、向最终目标发展的根本性基础。这种利益相关主体涉及政府、市场与公众，这也是由传媒的多重属性所决定的。具体来说，政府需要以媒体舆论场体现引导力，这关系国家社会的稳定；市场需要媒体在激烈的市场竞争中存活；公众需要媒体发出公众呼声，履行社会守望者的职责。

二、当代电视新闻发展的动力系统分析

（一）引力子系统

当代媒体环境下，电视新闻发展的引力子系统主要包括三个方面：市场需求（受众及广告商）、新兴媒体功能及商业模式创新。

第一，新媒体时代，信息传播呈现出交互性、个性化、分众化的特点，受众的需求日趋多样，以往电视新闻媒体单向式传播的层级式结构正遭受着严峻的挑战。同时，电视新闻媒体传统的广告盈利模式也经受着来自互联网广告的冲击。市场需求是市场供给有效的前提条件，所以由受众需求、广告商需求构成的引力子系统是电视新闻媒体融合发展的内驱动力。

第二，除了受众需求、广告商需求之外，新兴媒体在信息发布、舆论传播及社会动员方面所具有的功能优势也是吸引电视新闻媒体寻求融合的重要内驱动力。这是因为，电视新闻媒体作为传统主流媒体的代表，履行其舆论引导、社会监督及文化传播等社会职责是题中应有之义。新兴媒体在新闻的传播中威力尽显，倘若电视新闻媒体能够充分利用新兴媒体在信息发布、舆论传播及社会动员等方面的优势，加之自身所具备的公信力、权威性，可对抢占舆论引导的先机、打通传统舆论场于新兴舆论场起到至关重要的作用。因此，新兴媒体自身所具备的功能也是当代媒体环境下电视新闻发展的内驱动力。

第三，另一个重要的驱动力是商业模式创新。以"三网融合"为例，其未来一个极其重要的运用是成为智慧城市的基础，成为连通公众信息平台的介质。倘若没有这种可能的盈利前景，那么"三网融合"战略难以有效推动下去，媒体融合便缺乏技术基础。因此，商业模式能够在其中发挥价值创造和价值获取的功能。商业模式创新不仅与技术相关，甚至有时会超越更高的技术。

（二）推力子系统

推力子系统应包含两端：电视新闻媒体的利益诉求及其他参与融合的行为主体之利益诉求。其他参与融合的行为主体可能包括报业、广播、新兴媒体、电信运营商及互联网运营商等。依据合作博弈的思想，各行为主体参与媒介融合的前提条件是：对于参与融合的各方，其整体收益应大于各成员单独经营时的总收益，并且存在具有帕累托改进[①]性质的分配规则。因此，自利性是驱动各媒介融合行为的根本原因，也是当代电视新闻发展的直接动力。

（三）支持力子系统

电视新闻媒体的发展离不开外部环境的影响，主要包括政治、技术、经济、社会四个方面，支持力子系统为当代媒体环境下电视新闻媒体的发展提供了系统的环境支持。其中，政策法规是各媒介参与融合时必须遵守的行为规范，是驱动媒介融合的关键力量。国家对传媒行业管制的适度放松，可以激励和扩展媒体技术和商业模式创新的市场边界。技术力量是当代电视新闻媒体发展得以实现的决定性力量，数字技术及终端设备技术的快速发展，使得媒体能向市场提供新的

① 帕累托改进又称帕累托改善，是以意大利经济学家帕累托的名字命名的，并基于帕累托最优基础之上。帕累托最优是指在不减少一方福利的情况下，就不可能增加另外一方的福利；而帕累托改进是指在不减少一方的福利时，通过改变现有的资源配置来提高另一方的福利。

或加强型产品；经济力量是当代媒体环境下电视新闻发展方向选择的参考依据，可以为当代电视新闻的发展提供物质基础及市场条件；社会力量是电视新闻发展中不断实现创新突破、满足受众日趋个性化及分众化需求的基础条件。虽然我国已经推出了媒介融合发展的指导意见，但地方政府层面的政策支持相对较少。为此，地方政府可结合区域发展实际，针对媒介融合进行专题讨论，为实践的快速发展提供理论依据。此外，还可从政策上为媒介企业的重组提供支持，促进媒介集团化发展。

第四节　我国电视新闻的创新与发展对策

互联网时代，各种网络新闻铺天盖地地传来，电视新闻受到巨大挑战，创新与改革迫在眉睫。电视新闻的创新除了要在观念、内容、形态、播出形式几个方面下足功夫外，还要充分利用现代信息化技术，有效运用网络化电视等播出载体，推动电视新闻节目的转型。此外，电视新闻事业要获得长足发展，也要变革、创新体制和机制，处理好媒体经营与新闻生产的关系。

一、创新新闻观念、内容、形态与播出形式

（一）创新新闻观念

电视新闻内容本身就是新近发生或发现的新闻事实。但是在电视新闻生产过程中还有许多陈旧的思维在制约着媒体对“新近发生或发现的新闻事实”价值的判断。

创新是一个动态的、连续不断的过程，且永无止境。以下观念就是已经处在创新的旅途中，并需要持续努力寻求更大突破的电视新闻观念。

1. 服务新闻观

在数字技术的引导下，社会信息流量不断增大，信息交换速度日益加快，促进社会文化向多元方向发展。在这样的背景下，关于新闻价值的传统判断已经不能为所有社会成员所接受，某些传统的新闻观念将不得不逐渐消失。与此同时，另一些新的电视新闻传播观念将浮出水面，并将引导电视新闻的实践。服务新闻

观就是其中之一。

与服务新闻观相对的传统新闻观念对新闻的理解是通报政策、传递指示、宣传群众，是居高临下地“告诉”观众。这类电视新闻的形态往往比较单一，大多是解说词加画面，且声画往往难以有效互证。

在数字技术已经赋予并将继续赋予电视新闻观众更多选择性的今天，观众对自己不喜欢的那些内容必然转身而去。面对这样的形势，尽快形成服务新闻观就显得特别迫切。服务新闻观要求电视媒体先要转变职能，即首先由宣传群众转向服务群众，在服务的过程中再去谋求宣传意图的实现。为此，电视新闻栏目不能仅仅满足于上级要我报道什么，还必须及时了解观众想看到什么，希望电视报道哪些新闻。在了解观众需求的基础上，新闻栏目要积极为观众提供对其有知悉意义的新闻，满足他们的信息资讯需求。服务新闻观还要求电视新闻不能仅仅满足于把新闻事实播报出去，还应该采用观众喜闻乐见的方式报道新闻，研究如何充分调动电视画面、解说词、同期声、音响、字幕等元素，使新闻更加生动、形象，让观众的轻松收看的心理需求得到满足。

2. 互动传播观

单向传播、互动不足始终是制约电视媒体发展的短板。传统的电视媒体和观众之间并非没有互动，而是这种互动主要是通过观众给电视台写信、发邮件、发短信或打电话来表达自己对节目的意见，然后等待电视台的反馈来实现的。这种互动的主要缺陷是不具有即时性，因而也就缺乏现场感，不能体现电视的特征。另一个缺陷是观众始终处于被动状态，即便电视台能够及时回应观众的意见，也是一个在说，一个在听，双方始终处于不平等状态。

互动传播是一种技术。在目前单向传播的电视网络系统中，真正的互动传播难以实现。而在计算机网络和手机媒体网络中，受众可以在交换区自主选择信息，或者主动向传播者预订自己所需要的资讯，而不再是被动地接受信息。受众还可以在交换区发布自己采制的信息，供其他受众或电视媒体选用。这样，受传者就有机会转换成传播者，传播者则变成了受众，新闻资讯的传播过程将因此而变得更加完整。随着有线电视双向传播网络改造进程的加快，电视媒体的双向互动传播将在不久的将来获得技术条件的支持。

互动传播不仅是一种技术，还需要观念的支持。在传统的电视系统中，控制处于中心地位，直接制约着互动。随着公民社会脚步的临近，控制将逐渐从中心位置撤出，代之而起的是互动传播模式。当相应的互动机制建立起来之后，即使在目前的技术条件下，电视新闻传播依然可以通过多个途径增强与观众的互动。例如，电视媒体可以加大直播新闻的比重，并在直播中采用电话连线、微博客实现和观众的在线交流。电视媒体还可以通过直播观众的意见，让其他观众参与到在线交流中来，进而实现多向互动。此外，有了互动观念的支持，电视媒体才有可能从新闻的选题策划开始，充分听取观众意见，主动吸引观众参与到电视新闻采制、传播的全部过程中来。

（二）创新新闻内容

1. 从信息到观点

信息不等于新闻，但是新闻越来越需要信息。中国的电视新闻是在我国传统的新闻报道模式下成长的。这种模式没有设置新闻与宣传的边界，而且经常把宣传当作新闻，导致许多电视新闻的宣传味道过浓，信息传递功能衰弱，在解说新的新闻现象的时候往往缺乏说服力。作为现代传媒之一的电视媒体，其新闻报道，就应该是信息采集、传递与接受的过程。美国特德·怀特等人在其所著的《广播电视新闻报道写作与制作》一书中，把电视新闻的价值要素归纳为四个，信息就是其中之一。这反映了现代新闻价值观的一种发展，表明电视新闻已经开始打破以往的新闻价值观念。从 21 世纪初开始，我国的电视新闻栏目在革新中普遍加大了信息传播力度，扩大了新闻采集的边界，增强了传播内容的客观性和接近性，增强了新闻传播的效果。

于是，有人开始为栏目改版的成功而欣喜，有人开始介绍由宣传转向传播信息的经验。但就在这时，数字技术的介入又向电视新闻传播提出了新的挑战。

数字技术首先带来了海量信息。信息论的奠基人、美国数学家申农认为信息是不确定程度的减少量，也就是说，减少受众认识中的“不确定性”程度越高，即告诉受众的未知事情越多，信息量就越大。但是，当信息量大到“海量”的时候，电视观众，也就是信息的用户如何从“海量”的信息中捞出自己所需要的那一点点信息呢？为了捞取所需要的那一点点信息，他们可能会花费多大的成本呢？而且还有一个现象：真正需要信息的人往往缺乏足够的空余时间，他们更注重用最简单、最便捷的方式获取最有价值的信息；而有足够空余时间的很多人却不需要从电视新闻中得到满足，因为他们获取信息的渠道相对较多。为了降低那些有需要的人从电视新闻中获得信息的成本，并以此增强他们对电视媒体的信心，电视新闻栏目需要对准备传播的新闻信息进一步加以分拣，向对象化观众传播对他们有用和有效的信息。

数字技术还开始塑造并将继续塑造大批“市民记者”。“市民记者”提供的“新闻”有的非常珍贵，有些则难免冗杂，还有些根本就是信息垃圾。而普通受众却未必有能力判断出哪些是珍贵的信息，哪些是信息垃圾，媒体有责任为他们指点迷津。

面对上述新的情况，电视新闻传播需要进行二次创业——在实现了由以宣传为主向以传播信息为主的转变之后，继续进行由传播信息到传播观点的转变，即为普通观众的信息消费提供“搜索引擎”的指引和服务——截留一部分冗余内容，放行那些有价值的内容，满足观众只选择收看自己感兴趣的那部分新闻的需求。在这个过程中，电视媒体需要进一步增强社会责任意识，努力提高知识传播的能力，积极依靠专家系统，把最科学的知识、最合理的解释、最有参考价值的观点及时传送给电视观众。

2. 从单点到多点

传统的电视新闻乃至当今的电视新闻内容“单点”的特征比较明显。例如，只提供一种声音、只交代一个消息源、一个题材只呈现一种节目形态，并且对同一个事件只提供本电视台一家的报道而不提供甚至有意识地封锁其他媒体的报道。这种状况需要转变，实现内容传播由“单点”到“多点”的转变具体包含多层意思。

（1）内容多点采集

电视新闻突破报纸媒体和新媒体双重夹击的对策之一就是创新栏目、创优节目、拉长优势链、利用新媒体技术在信息采集与传播上的优势实现由单点到多点的转变。具体措施包括推进媒体聚合，尤其是推进电视新闻、报纸新闻与网络新闻内容的聚合，实现电视新闻的多点采集。电视读报节目以及凤凰卫视的《时事亮亮点》栏目在聚合报纸信息方面已经取得了一些经验，但是对网络信息的采集以及联动多种媒体新闻资源的能力依然有待提高。

（2）节目多样呈现

当代电视观众不仅希望通过电视目睹事件现场，更希望对事件有全方位的系统了解，从而促进电视新闻的报道从单一模式向复合模式，即从单一消息的报道向综合消息、背景、分析、综述的报道样式转变。但是按照电视台现行的电视新闻的生产分工，新闻部的记者一般不会去做专题节目，专题部的工作人员也不会去做动态消息。这样，对一个新闻事件的报道往往只能以一种新闻节目式样加以呈现，新闻资源的利用不仅达不到最大化，观众的收视需求也得不到满足。数字技术的介入使得多个来源的文字、图像、声音的综合编排和输出变得简单易行，对新闻资源的深度开发和利用已经没有技术上的困难。如果能对深度开发和多样呈现予以制度化的设计，使之成为当代新闻节目内容创新的重要形式，电视新闻节目内容将因此而得到极大的丰富，同一个事件将有机会以动态消息、新闻专题、新闻评述、深度报道和主题策划类节目的式样加以呈现，个体收视需要的满足程度也将得到进一步的提高。

（3）多家观点争鸣

当代社会和商品出现了细分化的趋势，必然导致传播领域的细分。在电视新闻中，综艺娱乐新闻和体育新闻等分类新闻的发展，使得新闻观众被进一步细分为不同的群体。对时政新闻的细分则催生了时事要闻、经济新闻、政法新闻、评论性栏目，继而实现了滚动播出。细分还催生了个性化经营和差异化服务。细分的最终结果是个性化的分众传播以及小众化甚至个人化的视频传播局面形成。

但是，个性化的新闻传播在个体精神获得充分自由的同时，灵魂却有可能变得更加孤独。因为过度的个性化的新闻传播将导致人们之间可以分享的共同观念、共同话题和共同兴趣逐渐丧失，从而造成未来的人们在公共场合不容易找到彼此都有兴趣的交流话题。这对社会的和谐和进步显然是巨大的负面因素。为了避免不幸的发生，从现在开始引导多元思维，遏制极端个人化倾向是很有必要的。而通过电视新闻同时呈现对同一事物、同一新闻事件的几种不同判断与评价，让观众自己在选择中去了解和接受他人的不同意见，这不仅对电视新闻的健康发展有利，对整个社会的健康发展也是有利的。

3. 从“唱戏”到“搭台”

以往的电视新闻比较强调媒体自身究竟采集了多少新闻，传播出多少内容，是不是占领了制高点。“内容为王”的传播经营思想本身就是典型的以我为尊、独我为大的管理思维。打造电视新闻名主持、名栏目的品牌培育的思路所体现的也是精英文化意识，其典型特征就是希望依靠少数传媒精英来支撑媒体的竞争力和发展。诸如此类的思维有一个共性——用名人来打天下。我们将其称为“唱戏”意识。在过去的几千年里，“唱戏”意识屡屡得胜。

但是，网络时代“世界是平的”的思想蔚然成风，网络世界里的每一个结点都是一个中心。“草根”代替了“救世主”，“我才是最优秀的”代替了明星崇拜。这样的观念所冲击的正是传统的精英文化。多年前湖南卫视《超级女声》火爆的背后，正是精英文化的潮退和大众文化的潮起。在这样的背景下，无论什么样的名人登台“唱戏”，都不可能再像当初那样倾倒众人；任何表演大师也都无法满足所有观众的口味。“唱戏”必须让位于“搭台”。

所谓“唱戏”，是媒体自我表演，吸引观众来看；而“搭台”则是媒体不出节目，或只出一部分节目，其余时间则组织观众“登台表演”他们自己喜爱的节目。对电视新闻节目而言，“唱戏”是新闻主播播新闻，“搭台”则是主持人主持新闻栏目，吸引嘉宾、观众前来了解、交流、交换新闻。换句话说，“搭台”是网络时代“草根”崛起的个性需求所孕育的受众需求，是电视媒体的资源汇集战略，是数字技术培育的先进的电视媒体经营观念。

（三）创新新闻形态

电视新闻节目形态就是观众在电视屏幕上看到的电视新闻的样子，是电视新闻传播的基本载体和表现样式，是电视新闻节目内容、形式、品质的自然延伸和个性化拓展，即由叙事、新闻、题材、视听等元素构成的电视新闻节目设计模板。电视新闻节目形态是电视新闻媒体在长期的实践中形成的，其不断发展、完善的过程，是电视新闻媒体的传播意愿和电视观众的接受意愿之间不断磨合直至达成阶段性一致的过程。20 世纪 90 年代以来，电视新闻节目形态越来越被人们所重视，关注电视新闻节目的发展实际上就是关注电视新闻节目形态的发展。

电视新闻节目形态不同于电视新闻节目类型。电视新闻节目类型指的是具有相同特征的新闻节目所形成的种类。由于划分标准不同，某些具有相同特征的节目往往被归为不同的节目类型。譬如同一个电视新闻节目，有的将其看作新闻调查，有的将其归为新闻专题，还有的认为是深度报道，但是其节目形态却只有一个。一条早间新闻，播音员坐着播报是一种形态，站着播报又是一种形态；用“播”的方式报道是选择了庄重的形态，用“说”的方式报道则是选择了轻松的、生活化的形态。形态虽然不同，但是传播的还是同个品种的节目 —— 电视消息。从理论上说，有多少种电视新闻节目元素的排列组合或编码方式，就有多少种电视新闻节目形态。

电视新闻节目形态不只是电视新闻节目的形式，它还和内容密切相关。以凤凰卫视的《军情观察室》为例：主持人急促的语言节奏、紧张快捷的电子声效，营造了军情紧急的栏目片头效果，所衬托的正是节目“军情”的内容。

1. 新闻节目形态创新的历史

孙宝国认为，电视新闻节目形态的创新方式大体有三种。“第一种是新元素，旧组合、旧编码；第二种是旧元素，新组合、新编码；第三种是新元素，新组合、新编码。”① 不同的电视新闻节目形态的元素相互交叉，互为文本，又成为当代电视新闻节目形态发展和演变的一个重要特征。

近 40 年来，中国电视新闻形态经历了几次大的变革：

1978 年 1 月 1 日，中央电视台开办的《新闻联播》，开创了用端庄严肃、气派大方的播音风格宣传党的方针、政策，传达政府的指令、号召的全新形态。这样的主流形态，又对接下来中国化的电视新闻节目产生了深远的影响。

1993 年 5 月 1 日，中央电视台将一档 40 分钟的杂志型新闻节目《东方时空》展现在观众面前，改变了我国电视观众的收视习惯，与同时期风行的《焦点访谈》共同开创了电视新闻媒体积极履行舆论监督职能的节目形态。

1997 年香港回归，中央电视台抓住这一历史时刻，做了连续 72 小时的直播报道，对我国电视新闻直播节目形态的形成作出了重大贡献。从此，现场直播逐渐成为我国电视新闻报道的重要式样，目前正在发展演变为电视新闻的主要播出方式。

20 世纪末，国内多家电视新闻栏目开始尝试“说”的新闻节目播报方式。例如，1998 年 4 月，凤凰卫视的《凤凰早班车》主持人陈鲁豫在温和的气氛中将当日最新的消息资讯向观众娓娓道来，因更加贴近观众，获得了理想的收视效果。

2002 年元旦，江苏广播电视总台城市频道的《南京零距离》亮相，引领了电视民生新闻节目潮流，丰富了电视新闻节目形态。

……

对电视新闻形态的研究和创新，从电视新闻出现之初就开始了，并且从未中断过。传统的电视新闻形态，如中央电视台的《新闻联播》开创的电视新闻主流播报形态，虽然拥有庞大的收视群体，但也只是多种形态中的一个品种。省、市一级的电视媒体由于不具有中央电视台的权威性和覆盖能力，要想提高收视率，就必须另辟蹊径。如今，数字技术的迅速发展又在推进电视新闻开始新一轮的变革。观众深度参与的、双向互动的、让观众在愉悦的状态下获得新闻资讯的新的节目形态正在酝酿并相继推出之中。

---

① 孙宝国．中国电视节目形态研究［M］．北京：新华出版社，2007.

2. 内容与形式的新形态

新形态电视新闻是相对的。有人主张从内容上来认识新形态电视新闻，认为中央电视台 1993 年的《东方时空》改革所带动的所有革新后的新闻节目形态都可以算是新形态，因为它们都突破了原有的节目内容、选取角度及播报方式。例如，关注民生的新闻性节目，以及以娱乐形态出现的新闻节目、以深度报道和评论方式出现的新闻节目，等等。有人则主张重点从形式上区分新形态电视新闻，譬如，有人不同意将电视深度报道列入新形态新闻，认为电视深度报道是相对于简单、快捷的电视消息报道而言的，它不是一种节目形态，而是一种电视制作的理念；它不是对事件、现象简单的、浅层的记录和描述，而是全方位地从深层次上报道事件的前因后果，挖掘新闻背后的新闻。但是却同时认为：从外部表现形式上看，电视深度报道可表现为多篇式连续报道、系列报道、组合报道和单篇式的新闻专题、新闻评论、新闻调查、新闻专访、新闻谈话等，这也是新的形态。还有学者认为，当前中国电视新闻节目形态总体上呈现出信息的深度化、理念的民生化、功能的娱乐化、报道的连线化四个发展走向。

3. 传播途径的新形态

新生的网络电视新闻、移动电视新闻是在数字技术基础上形成的通过新的途径传播新闻内容的电视新闻形态。其鲜明的特征是把电视节目请出了家庭，使之成为可以在办公室收看，可以在移动中接收的文化信息产品。“随时、随地”看电视的梦想已经成为现实。

通过网络看电视新闻，无论在目前还是以后，都可能是年轻一代的首选。通过网络看电视新闻可以随时看现场直播，也可以把想看的新闻栏目先储存起来，方便时再“回溯新闻”。这让受众有了更自由的选择空间，不仅可以自主选择，还可以互动。上网看电视新闻深受年轻一代青睐还有另一个重要原因——大学生的寝室、教室里都没有电视机，但是一般都有电脑；办公室里一般也没有电视，但是公司白领几乎人人都有手机。

以数字技术为基础生成的新的传播形态也为电视传播带来了不少新问题，如随网络而来的传播内容的低俗化、庸俗化倾向以及从内容到形式的趋同化现象。一些节目为了迎合大众消费需求，竭力削平审美和思想上的深度模式，降低艺术的审美品位和新闻的现实批判功能，舍弃文化的启蒙职责，加重了人文危机。目前我国正在积极制定国家传播战略以及相应的行动策略和执行步骤，细化数字媒体的管理办法，研发相关的监管技术，促进视频博客、网络视频、手机电视等新的传播途径的健康发展。此外，电视新闻的机制创新是新形态电视新闻发展的保证。机制创新主要是围绕提高节目质量、增强节目竞争力、实现社会效益和经济效益双丰收的目标而进行的一系列新颖有效的管理、控制活动，它主要包括管理方式和人才使用的创新。管理方式的创新就是要按电视规律和新闻规律设置节目、管理节目，按市场规律经营节目。管理方式的创新要以新闻宣传为中心，以电视观众为重点，调整组织机构和规章制度，使管理工作既引入行政管理的基本原则，又遵循电视和新闻的特殊规律；既引入现代企业经营观念，又符合电视和新闻的特殊要求。

（四）创新播出形式

电视新闻形式没有一成不变的模式。对比 1958 年北京电视台播出的新闻，可以发现今天的电视新闻的结构式样、声画元素运用、播音主持风格及节目编排策略都有了重大变化。就播出形式而言，当代电视新闻传播依然面临以下创新要求。

1. 现场直播报道

新闻采制直播式是指在新闻事件的现场进行采访制作，实时发送播出的报道方式。评价一家电视媒体的报道是否权威，关键看该媒体的记者是否在新闻事件的现场。记者在现场直接报道本身就是媒体报道权威性的一种体现，而现场实时传送出的新闻更能维护和巩固这种权威。我国电视新闻改革中的一项重大举措，就是努力让电视新闻直播报道变成日常新闻报道的常态形式。

（1）直播常态化是网络时代的必然要求

人类追求新异的本性决定了带有接近性特点的现场直播电视新闻节目对社会公众永远是极大的诱惑。

对重大事件在第一时间做出现场同步报道，这是新闻发展，更是高科技武装后的电视新闻发展中不可逆转的趋势。在数字技术条件下，电视观众对新闻时效性的要求已由追求“今日的消息今日报道”转向了追求“现在的消息现在播报”。追求新闻事件的现场同步报道、扩充单位时间内的新闻信息含量、满足观众的现场同步感受和参与，是现代电视新闻的基本特征。实现直播常态化，就可以让公众看到、听到刚刚发生，甚至正在发生的新闻事实。而且现场报道可以使信息的损失降到最少，从而在时间轴线上最大限度地接近新闻本源。

以往，我国电视观众熟悉的电视直播通常只有体育赛事。“现场直播”的字样也只有在足球赛、排球赛或奥运会的赛事转播中才能看到。如今这样的局面已经有了巨大的改变。从1998年起，中央电视台开始不断扩展各项直播报道的领域，直播节目渐渐从专业报道、特别报道向常态报道转变；播出效果也日趋顺畅自然、完美和谐。

（2）现场直播报道是最新的电视新闻技术

从科技的发展来看，注重应用最新的科学技术是现代电视传播的一大特色。和报纸、广播相比，电视传播的科技含量最高。正是现代科技的发展在推动着电视新闻报道的直播常态化。而能否进行现场直播报道以及现场直播报道的水平高低，又反过来成为评价媒体技术装备水平的标尺。

从时态上看，我们日常接触的电视新闻播出方式有录播与直播。和直播相关的有现场直播、现场报道、现场直播报道三个概念。其中现场直播报道既需要直播平台，又需要记者在新闻现场实时采拍，然后在直播的平台上将记者采拍的新闻同步传播到收视终端。完成这个过程需要强大的技术手段的支持，因此现场直播报道的竞争在一定程度上甚至表现为技术装备水平的竞争。目前世界各大电视台无不以最先进的技术装备新闻采播部门，先进的卫星新闻采集系统也开始在一些电视媒体中得到应用。这种系统在可移动的运载转播车上安装了小型地面卫星发射和接收装置，车上的装备还包括摄像和编辑设施。当遇到突发性事件时，卫星新闻采集车第一时间到达现场后，只需接通线路，调整天线，直接与卫星接通，就能进行即时播出。

（3）直播常态化是电视媒体参与媒介竞争的独特手段

电视新闻用能够在第一时间报道新闻来和报纸争天下，依靠能够提供新闻现场画面吸引了大批原本收听广播的受众。而网络既能够同步报道新闻，还能够提供丰富的现场图像，因而在一段时间里压制了电视新闻。但是电视新闻依然有实力和网络抗衡。除了在公信力、采制能力上具有明显的优势外，电视新闻的现场直播报道既是战胜报纸、广播的独特手段，也是对抗网络媒体的有效武器。其优势具体表现如下。

①满足了观众第一时间知情的心理需求。现场直播报道在时间上有同步性，空间上有接近性，能够通过生动可见的现场图像把人际传播中的心灵沟通、情感互动、归属认同等融入大众传播中，把新闻的客观真实性提高到一个新的层面。现场直播报道还形成了独特的传播场，使观众耳闻目睹正在发生的事情、正在进行的活动，从而产生现场感、参与感、动态感和新鲜感，发自内心地觉得新闻更好看。正是因为采用了现场直播报道的方式，电视新闻栏目才能够骄傲地作出

“第一时间”把正在发生的新闻同步报道给观众的承诺，也使得电视在与报纸媒体的竞争中不仅具有了新闻现场画面的独特优势，而且进一步获得了新闻时效的先机。这是电视在与其他新闻媒体竞争中能够立于不败之地的重要原因之一。

②锻炼了电视新闻工作团队。现场直播报道有利于培育一支招之即来、来之能战、战之能胜的高水平的团队，团队成员包括导播、播音、调音、摄像、录像、切换、美工、字幕、特技、灯光等各类技术人员。直播报道促使播音人员格外集中精力，最大限度地调动自己的声音、经验、表情使所播的新闻内容更具真实性、客观性、公正性，更容易被观众所接受。直播报道要求出镜记者平时做足功课，采访时能够明察秋毫、深入背景、句句到位。直播报道前移了编辑的工作岗位，压缩了编辑的工作周期，使其灵敏度、判断力、工作作风随之得到改善，新闻的现场感也将因此而显著加强。

当然，直播报道是让现场直接与观众见面，不像录播有回旋的余地，因此，势必会给播音员、出镜记者、新闻摄像和团队其他人员造成较大的压力，也增加了各环节出错的概率。但也正因为如此，直播才更加充满魅力。

③提高了播出质量。目前录像所使用的大部分技术还是模拟技术。与数字技术相比，模拟技术在信息的复制过程中的损耗程度与复制次数成正比。录播时记者拍摄的素材是第一版，经过编辑处理后准备播出的带子是第二版，播音员播报给观众看的已经是第三版了，因此，图像信号和声音信号的损耗在所难免。另外，有时在编辑串联过程中，由于粗心没有消净多余的声音，或者出现了掉音、掉字，也势必会影响观众收看。而直播则没有这样的担忧。演播室里的直播播音员播报的新闻是第一版，观众看到的是第二版，比录播少了一道复制程序，其声音信号和图像信号的损耗也相对较小。如果是现场直播报道，观众就能直接看到第一版，图像信号的损耗更小，节目的外在品质得到了保证，新闻节目的播出质量自然就高。此外，演播室直播要求团队人员在节目开始前半小时左右进入新闻演播室即可。节目播完后，全部工作人员可以即刻离开演播室，其他节目又可接着使用演播室，提高了场地的利用效率。

由于具有上述优势，直播已经成为电视媒体竞争的重要手段。中央电视台的《新闻联播》从 1978 年 1 月 1 日开始直播，至今已经过 40 多年的发展，尤其是改革开放 40 年来日新月异的变化，标志着中央电视台正逐渐缩小与国际知名电视台的差距，向着新的目标迈进。

2. “说”新闻与“聊”新闻

以中央电视台的《新闻联播》为代表的新闻播报风格，字正腔圆、端庄严肃，显示了新闻的权威性，几十年来始终为全国各地方电视媒体的新闻节目所仿效。就今天而言，“播新闻”的风格依然没有过时。

到20世纪80年代，我国播音界才开始探索电视新闻播报形式革新的可能。先是中央人民广播电台广播主持人徐曼在《空中之友》栏目中尝试用轻柔甜美、自然清新的语言主持节目，接着是中央电视台的《中国新闻》播音员徐俐以简洁、明快、激情、活泼的语言主持节目，均增加了亲切力，但又未失去端庄。两人的主持形式受到广大受众的欢迎，也鼓励了更多的人在电视新闻播报的革新之路上走得更远。

（1）“说”新闻

20世纪90年代，一些电视媒体人积极尝试以记者、主持人出镜的方式直接和观众交流，让观众在获知新闻事件本身的信息之外，进一步获得记者或主持人对事件的态度，进而形成了“说”新闻的播报形式。

“说”新闻是记者或主播对新闻内容进行口语化的报道、评论、交谈的一种播报形式，曾经在欧美广泛流行。1992年，我国上海东方电视台的《东方直播室》开设了全国第一个谈话类电视新闻节目。1993年中央电视台的《东方时空》版块设立了《东方之子》栏目，并采用主持人访谈的形式构架节目，“说”新闻的播报形式由此逐步形成。进入21世纪，“说”新闻还派生出多种不同的“说”法。著名主持人白岩松说，他主持新闻节目的最大优势就在于评论。于是从中央电视台到地方电视台，“客观事实＋主持人主观评论”的电视新闻播报形式日益走红，并成为“说”新闻的一种具体说法。《有报天天读》《新闻日日睇》的“读报＋点评”的模式，则是“说”新闻的另一种说法。2008年以来，中央电视台的张泉灵、李晓萌在主持人和记者之间频繁转换，用亲切的口语“说”着每天的新闻，并在无意间开创着知性、娴静的“说”的风格。

“说”新闻带动了电视新闻传播一系列环节的变革。例如，提升了记者的地位，用记者的现场口播替代播音员的幕后配播，用记者型主持逐渐替代播音型主持，用记者的现场形象打动观众、感染观众。一方面使观众对新闻内容、新闻的分析感到确实可信；另一方面能通过记者的权威唤起观众的正义和责任、良知和感悟。“说”新闻还缩短了新闻的制作时间，提高了新闻的播出时效。最重要的是，观众从“说”新闻里增加了对电视媒体的亲近。

（2）“聊”新闻

“聊”新闻更具有情境性和发挥性，比“说”新闻又进了一步。“说”新闻毕竟还是要按照事先准备的稿件和纲要进行叙述、解读，而“聊”新闻却充满着不确定性和无设计性。“说”新闻由一个人进行，“聊”新闻则需要两个人以上才能开聊。“聊”新闻也有多种聊法。除了凤凰卫视的《锵锵三人行》海阔天空的聊法之外，内地“聊”新闻颇有影响的，晚间新闻要数湖南卫视的《晚间新闻》，早间新闻则要数安徽卫视的《超级新闻场》。1999年，湖南卫视的《晚间新闻》在改版时放弃了以往正襟危坐的播报风格，增加了“说讲聊天”的元素，开始为观众讲“有意思的新闻”，给人以清新的感觉。直到2008年4月栏目停播，其间栏目的播报风格广受业界好评。安徽卫视的《超级新闻场》是一档大型新闻栏目，由三个版块构成，“阳光聊天室”是其中的一个重要版块。节目迄今仍然保持良好的发展势头。

“聊”新闻用观众熟悉的生活语言来报道新闻，而不是居高临下地播读新闻，让新闻和观众离得更近，感觉更亲，既保留了电视新闻的原貌、原汁、原味，也为互动新闻时代的到来奠定了观众基础。

3. 聚合多媒体新闻

所谓聚合多媒体新闻，是指以某一个媒体为平台，通过电视、报纸、杂志、广播以及互联网、手机终端辐射式地传播新闻的立体传播形态。优米网就具有这样的全媒体呈现功能。但是我们更愿意把聚合多媒体新闻理解为观众可以看到的聚合在电视屏幕里的来自不同媒体的新闻式样。在电视上听主持人读报纸，这是观众比较熟悉的多媒体新闻样式之一。电视读报节目由于增加了主持人的声音语言，特别是增加了主持人的解读，因而比直接看报更受观众欢迎。至于打开电视听广播节目，打开电视观看网络视频，也都在数字电视的支持下成为现实。

美国的CNN原本是电视传媒公司，现在其CNN Interactive（互动有线新闻网络）不但提供广播和视像信息，还使用网络图文媒体的超文本技术，让读者通过多层次的全球性链接获得丰富的内容，包括新闻、娱乐、购物、旅游、体育等信息服务。CNN还在试验将新闻直接推送到用户的电子信箱中的服务。此外，美国的微软公司（Microsoft）和全国广播公司（NBC）合作创立的“MSNBC”（微软全国有线广播电视公司）则提供了一种“新闻提示”服务，上网的用户可通过免费下载软件获得提示；当日重大新闻标题将自动出现在电脑桌面上，并可获得24小时不断的更新内容。CNN Interactive可以被作为传统的图文媒介和声音、视像媒介相互融合的雏形，也为我国的电视媒体聚合更加丰富的多媒体新闻资源提供了借鉴。

二、理解网络化电视

（一）电视的网络化发展

从媒介形态更替的历史来看，印刷媒体延伸了时间，广播延伸了听觉，电视拓展了视界，网络使处处皆为中心。新媒介的诞生是为了更好地满足受众的需求，弥补原有媒介的不足，而不是完全替代旧媒体。在整个媒介生态系统中，每种媒介形态根据其特点，都占据自己的生态位置，共同建构起整个媒介生态，以满足不同受众的不同需求。

传播的历史已经证明，媒介形态的进化绝不止是一个单一的线性过程，这其中涉及相互的包容、渗透、转化及整合。在数字技术的催化下，如今的媒介正走向汇聚，“你中有我，我中有你”，媒介形态之间的界限也在逐渐模糊。但报纸、广播和电视等传统媒体不会消亡，它们只是要借力于新的媒介技术，被再现、再造和调整。

电视的未来是与互联网络（包括有线网络和基于手机和上网本等移动终端的无线网络）融合而产生的网络化电视。由于互联网从其本质上来说，不仅是一种新媒介，更是一个强大的、高度包容的“媒介平台”，是一切媒介的媒介，因而传统电视媒体可以在这个平台上开辟出一片新天地。从这一预设来理解，未来的电视将是互联互通的、移动的，且是双向互动的。电视的未来是迈入“TV 2.0时代”，成为一个数字化的、高度自由与互动的信息集合平台，成为以视频信息为主的内容提供商。网络化电视代表了一种新的进步的媒介观，也预示着电视无限延伸的未来。可以从以下几个方面来把握网络化电视。

1. 不只是电视

数字化时代的媒介融合带来IPTV、手机电视、网络视频，甚至以iPod（苹果公司开发的一款多媒体播放器）和PDA（掌上电脑）等新型的数码产品作为电视节目的接收终端，它们以有线或无线的方式与互联网络相连接。仅从外形和操作方式上看，其与传统电视迥然不同，不再是一成不变的方匣子，而是具有传统电视所不具备的功能。从媒介发展的趋势来看，它们就是未来电视多样化存在的诸种状态中我们现在能够看到的几种，至于未来还会有什么样的电视节目传播和接收样态，我们尽可以驰骋想象：借助特殊眼镜观看的微型电视；折叠式观看板；和现在的无线鼠标一样无须拖着电源线或太阳能供电的节能环保电视；可以根据你收看的历史推测你的收看兴趣，并自动向你推荐可能感兴趣的节目、通过语音或意念控制的更为智能化的电视；可以作为收音机、MP3 播放器的电视；不被收看时像挂在墙上的装饰画一样的电子相册或电子画册，一切皆有可能。而曾经给我们带来许多欢乐，甚至陪伴我们长大的电视机在这个时代已经显得过时和功能单一，就像尼葛洛庞帝评判的：“事实上，就每一立方英寸的功用来看，目前电视机可能是你家中最笨的电器。你的微波炉都可能比电视拥有更多的微处理器。”

所以，当代媒体环境下的电视不再是传统意义上的电视，它是电视向互联网的逆转，是网络化的电视。它将转变为一个无论何时、无论何地、能随心随意获取自己想要信息的平台，它既可以接收和储存数字化内容，也可以让观众与新闻的内容进行互动。另外，它也不再受传统电视新闻时长的限制，它的内容可以通过多个终端呈现。

这个数字媒体平台可以随时更新信息，有着完美的实时性和非常容易实现的互动性。其信息传输是双向的，受众既可以接收信息也可以反馈信息，并且由受众自己决定浏览的内容、顺序和时间。

自 20 世纪电视问世以来，它的“温度”是不断上升的，由黑白小屏幕到彩色大屏幕，再到高清晰度的电视、数字电视，在色彩、屏幕尺寸和重放功能等方面增加了热度，可以说是由“冷”到“热”，电视在向热媒介的方向发展。电视传播起初就是你播我听，偶尔通过召开观众座谈会、观众调查、观众来信来访这些方式与观众互动，后来又凭借热线电话、手机短信、电子邮件、网络社区来开展互动，但它始终没有真正意义上的即时互动。而电视的网络化嬗变将融合冷、热媒介的属性于一身，兼具信息的高清晰度和受众的高参与性，是一个汇集冷、热媒介优势的媒介。在未来的电视格局中，实现交互、成为视频互动媒介是电视的必经之路。

能够互动的电视应该具备带有话筒的摄像头，如现在带有摄像头的手机，从而实现双向的视频互动。摄像头可以镶嵌于电视屏幕的正上方，通过电视机的遥控器控制摄像头的拍摄目标和对象，实现推、拉、摇摄，从而取得不同的取景范围和景深，形成不同的景别。

作为电视最关键的外设，电视遥控器将变得更为简单易用，在设计上更为人性化，而不像现在有许多大小、形状、颜色一样的按键，但常用的不过几个。为实现电视机之间的互动通信功能，未来的遥控器也许会增加与电话类似的拨号功能。同时未来电视操作的演进方向应该是更加方便也更为人性化的声音指令，即以声音来控制电视屏幕的信息呈现和功能选择。

在内容方面，传统电视中信息传播和教育娱乐内容的节目化播出只是电视的部分业务形态，而电视商务将是下一代电视的另一个重要业务形态。当你看电视的时候觉得节目中男主角的衣服或女主角的帽子很好看，就可以立刻拿起遥控器，在电视上购买你想要的东西。所以，未来的电视的概念绝不再是一台孤零零地摆在客厅柜子上的电视机，它与人们的关系更为密切，对人们的帮助更为多样，它意味着无所不在和无所不能。

电视这一媒体完善了影像语言，发展了影像文化。但数字时代的到来并不能完全改变它的基本品性，这是因为电视的传播形式还是会存在的，而且人们仍然需要公共观看和家庭观看的仪式，需要它带来的凝聚力。

网络化电视仍然是电视，因为传统电视数十年来的节目传播形态和语言仍然存在并发挥作用，只是电视的视听语言将会在原有的基础上得到丰富与发展。

2. 无所不在的电视

2010 年 1 月，在美国开幕的全球最大的消费类电子产品展览会 —— 国际消费电子展（CES）上，海尔彩电推出了融互联网、广电网、通信网于一体的新一代网络电视，它作为能够代替传统书写工具的全球第一台触屏可复写电视，具备无线上网功能，是一台内置 Windows 系统的 PC 模卡电视及全球首台不用电源线、信号线、网络线的“无尾电视”。这些未来化电视技术的革命给人们带来了全新的电视生活体验。

大屏幕、高清、超薄是电视的流行元素，为了分别适合集体和个人观看，未来的电视将主要向超大屏幕和微型屏幕两个极端发展，大的如几层楼高的楼宇，小的如戴在腕上的手表、挂在脖颈上的链坠等，甚至是可伸缩、能够变换屏幕大小的纸张式，分别适应于固定位置的公共观看和私人空间或便携移动的需要，都会如现在的平板电视般遵循着“节省空间”的思路发展。

家庭客厅中的电视还会保留它原来的地位，只是它将演化为数字化的家庭信息平台，而手机电视等小型的电视移动终端则成为个人信息平台。人们通过这些平台不仅能观看视频内容，还能解决自己衣食住行等各方面的需要。它打破了模拟电视只能单向接收信息的局面，将电视理念从“看电视”转变为“用电视”。

另外，人们将在所有的空间中都可以见到电视，电视无处不在，户外移动中有私密性较强的手机电视；候车时有公共的户外电视、带电视屏的电子站牌；乘车时有车载移动电视；办公室则有网络电视，人们可以通过电脑浏览网上视频直播及其他视频信息。这些不同的电视形态是传统电视在新技术条件下的种种变身，它们的出现，极大地扩展了传统电视的覆盖范围和服务对象，突破了传统电视“家用媒体”的固有概念，是电视族群的有益补充和延伸。

（二）网络化电视再造声觉空间

我们当前所处的数字时代，位于麦克卢汉公式中重新部落化阶段的高级发展段位。作为视频内容生产历史最长、最具实力的电视媒体将会与网络“联姻”，而建立于数字化平台上的网络化电视将再造声觉空间，使其具备赛博空间[①]的开放、互动等基本特征，向前文字时代的传播空间靠拢，获得新的生机和活力。

1. 声觉空间

声觉空间是麦克卢汉在1954年首次使用的术语，后来在他的《理解媒介》一书中又对它进行了阐发。他认为声觉是人类交流的基础，文字的线性上升模式伤害了声觉，拼音文字之前的“部落人”是感官完整、没有分割的“听觉人”；拼音文字之后的“非部落人”是感官被肢解分割的“视觉人”；而电子媒介重新捕捉到了声觉。他较为晦涩的描述妨碍了世人对他的洞见的接受和认可。后来保罗·莱文森又对这个概念作了进一步的解释和补充。他认为声觉空间使人们可以全身心地沉浸其中，其特征来自声音的属性。保罗·莱文森这样来描述声音：“我们在声音的汪洋大海里游泳。声音从四面八方传向我们，无论我们的耳朵是否集中在声音传来的方向。”而且声音在所有场合和时间里都与我们相伴，如影随形，无论是在漆黑的夜晚还是你闭上眼睛阻断光线，周围环境中发出的一切响动都会传入我们的耳膜。听觉会24小时使我们与外界保持联络，随时随地给我们传递信息。我们对声音的感知更为直接，它是一种无中间物的感知，而视觉则需要借助一定的光线。

声觉空间最初存在于前文字时代，即口语时代的世界，在声觉空间里，“我们对世界的感觉是同步完成任务的，我们把周围的整个世界作为一个整体，觉得我们自己和世界互相渗透，世界是我们的延伸，我们也是世界的延伸。”[②]

声觉空间是一个整合的、同步感知的世界，以开放和互动为基本特征。在这

① 赛博空间是哲学和计算机领域中的一个抽象概念，是指在计算机以及计算机网络里的虚拟现实。

② ［美］保罗·莱文森．数字麦克卢汉[M]．何道宽，译．北京：社会科学文献出版社，1997．

个空间里，不同的声音可以随时穿插进来，就如在原始部落里大家围着篝火共议部落的大事小情。你能听到周围此起彼伏的嘈杂人声，熟悉或不熟悉的人或赞同或反对的回应，你也可以当场反驳发问或提出自己更好的建议，你还可以和空间中的任何人寒暄、讨论或争辩，找到自己的支持者，发现自己的反对者。

在麦氏的理论体系中，声觉空间和视觉空间形成"否定之否定"的循环。视觉空间是用拼音字母阅读和写作而产生的感知习惯，是人造媒介的产物，是线性思维的内容，并非我们所一贯认为的人类先天感知的、自然存在的空间。在拼音文学出现以后，声觉空间被弱化，视觉空间被强化，因为拼音文字是分割的、序列展开的视觉的世界，是依重于想象和联想的。但由于文字的抽象性，它不能直接再现事物本身的形象，不能直接作用于读者的视觉或听觉，需要唤起读者以往类似的经验和体验，才能感受到文字所传递的信息。这使文字在传递信息时存在局限性和间接性，不同的读者会因自身的阅历、修养、环境不同而对同一事物有不同的感知和理解，使信息传播具有间接性和因人而异的差异性。

在书写文化长达两千多年的统治之后，"视听文化于20世纪展开了历史性的复仇。首先是电影和收音机，接着是电视，远远胜过了书写传播对大多数人心灵的影响"。[①] 这些视听媒介的出现，使视觉空间弱化，声觉空间强化。传统电视具有声觉属性和声觉效果，人们可以凭自身感官直接感知，同样的图像可以在一国之内的任何屏幕上看到，而且自从卫星电视如CNN问世以来，在世界上任何地方都可以看到它的报道，但卫星电视仍是封闭的声觉空间，它的传播仍是由权威控制的，是由点到面的传播，观众是难以参与其中并发出自己的声音的。保罗·莱文森认为："倘若把开放和互动当成声觉空间的基本特征之一，那么我们就可以说，广播、电视和印刷的空间根本就不是声觉空间。"只有赛博空间那种"在线的、字母表似的环境"才是真正的声觉空间，而且数字时代的声觉空间与前文字时代的声觉空间相比，是一种跨越了空间、超越了时间的声觉空间。

2. 网络化电视对声觉空间的再造

电视的网络化，将使电视的空间向赛博空间发展。"赛博空间"这个词是加拿大科幻小说家威廉·吉布森于20世纪80年代中期首先使用的。他在科幻小说《精神漫游者》中展现了计算机网络把全球的人、机器、信息源都联结起来的新时代。由于他的故事恰如其分地描述了国际互联网的结构、资源和网络中的行为，

① ［美］曼纽尔·卡斯特．网络社会的崛起［M］．夏铸九，等译．北京：社会科学文献出版社，2006.

人们使用这个词来表示网络空间。

赛博空间的拟人际传播是借助机器的人际传播（或技术辅助的人际传播），“它兼有人际传播和大众传播情境的特点”[①]。其实广播、电视都具有技术辅助的人际传播特性，但互联网进一步模糊了人际传播和大众传播这两种类型的界限。这种网络空间的人际传播的一个重要特征是信源和信息的接收者在时间和空间上是可以分开的。网络的巨大储存能力使信源发出的信息能够在互联网上持久性地存在，只要没有被人为地删除。在这个空间中，信源可能是一个人，也可能是一群人；受信者，即信宿同样如此，也可能是一个人或一群人，同时受信者对信息的反馈可能是即时的，也可能是延后的。

这种由网络辅助的人际传播具有人际传播面对面交谈的开放性，再现了前文字时代的声觉空间，具有开放和互动的特征。它是一个立体和全感的空间，一个更为自由、更为持久、更延展的声觉空间，而全息技术、人工智能、人机互动等技术的出现将把这一空间构建成更接近真正的人际传播的空间。

网络化电视相对于传统电视来说，是对声觉空间的再创造。因为它是一个兼具电视媒体优势的形象可感、口语化的赛博空间，是少用或不用字母表的赛博空间——一种部分或全部用言语组成的传播系统。毫无疑问，这个系统与以字母传播为主的赛博空间相比，是更加典型的声觉空间，或者说是更多层次上的赛博空间。这是一个参与者的控制力得到增强和放大的声觉空间。在这个空间里，人们同时调动视、听感官来感知所面对的对象，网络上的电视节目人们既可以同步收看，也可以在自己方便的任意时间延时点播收看；对感兴趣的段落可以快进搜寻，也可以慢放，或利用播放软件截取任意一帧图像；可以在电视节目的直播过程中直接参与视频直播，与主持人或其他在线网民对话，成为电视节目的内容组成部分；还可以上传自己拍摄制作的视频节目，或对其他视频内容发表意见，或提出自己的要求；也可以与其他人同步或异步交流对某一话题的看法。而且观看网络视频节目无须全神贯注，仅靠声音和画面的指引即可完成信息的接收与传播，这一点本来也是广播和电视媒体的固有属性，即我们说的“伴随性”。

这种由交流、反馈、对话、参与所形成的耳闻目睹的声觉空间是电视新闻传播的新空间，是更具整体感官的、更为人性化的空间，它更符合人的本性需求。信息不是从固定的位置冒出来的，而是可以从任何地方和所有地方冒出来的。在这个更为强化的声觉空间中，你感受到的信息是全面的、完整的、360 度的，而

① ［美］约瑟夫·多米尼克．大众传播动力学［M］．蔡骐，译．北京：中国人民大学出版社，2004.

不再只是经过层层把关和过滤的“去粗取精”的片段。它更接近于你亲临现场时，运用眼耳鼻舌身等感官和大脑的思维判断所得到的全部感受。很多时候甚至比这还要丰富，因为这个空间里还有一些比你站得更高、看得更远的人为你提供的信息，有比你离得更近、看得更详细的人为你提供的信息，因为赛博空间是众多个体声音的集纳和汇总之地。当然，也许这其中也会有出于故意蒙蔽或因看走眼或未听清而传递给你的不实之言，这需要你从众声喧哗中作出自己的判断，从众多信源的互证互补中形塑事物的本真面貌。

我们目前的电视虽还未能达到这样一个美妙的声觉空间，但已有电视媒体顺应数字时代的发展洪流，正在朝这个方向努力，迈出了或大或小的步伐。我们的电视业需要开辟更多适应观众需求的互动渠道和互动方式，以适应新媒体时代融合、交互、多元、共生的传播趋势，向更为人性化的声觉空间迈进。

3. 网络化电视的去中介化及其两面性

“去中介化”（也译为“非居间化”）这一概念在 20 世纪 60 年代初的金融服务业中已经出现，它描述的是清除中间物（这个中间物是被我们称为“中间人”的人或机构、组织），当去中介化后，消费者将直接与生产商打交道，观众可以直接与作者或艺术家联系。

这种无中间商的直销方式在传播领域同样引发了巨大的变革，成为网络化电视所构建的声觉空间的一个显著特征。在这个空间里，任何进入其中的人都可以直接与同样处于这个空间中的信源联系和交流，方便、灵活、自由地获得信息或直接发布自己的信息，无须经过中间环节。个人可以直接与他人联系，尽管两者可能远隔千山万水，或文化背景、身份地位迥异。但不像原来需要经过一个介质 —— 某一媒体平台，那时个人发布信息的成本一般而言较高且不易实现，而赛博空间的去中介化使发布信息只需按动鼠标就可实现。

传播学奠基人之一的库尔特 • 卢因在他 1947 年发表的《群体生活的渠道》一文中最早提出“把关人”的概念，他认为：信息的传播过程中布满了把关人，这些把关人负责把关、过滤信息的进出流通。对信息进行的过滤、加工就是把关。在传统媒体中，传播者在大众传播中扮演着“把关人”的角色。而在网络这个自由、开放、平等的空间中没有传统意义上的“把关人”，信息不再经层层过滤与筛选才能面世。但并不是说在赛博空间里没有“把关人”，而是说“把关人”的作用被大大地弱化了。因为发送信息的人本身也是“把关人”之一，有些网站的网管也会出于政策或其他原因屏蔽或删除某些内容，某些网站也对发表言论有一定限制，如必须注册成为会员或有其他要求。当网络上的信息需求者在通过百度、谷歌等搜索引擎进行搜索时，实际上这些搜索引擎本身也起了“把关人”的作用。它们在无形中都或大或小地具有“把关人”的色彩，但赛博空间里的信息发布，与传统大众媒体上层次繁多、因素错杂的把关程序相比，毫无疑问，“把关人”的作用被最大限度地压缩和减小了。

这种信息获得与发布的去中介化，使参与者突破了过去被束缚的层层枷锁，实现了数字时代的受众所要的自由，吸引了大量的传统媒体的受众特别是年轻人陶醉于网络，徜徉于博客、BBS（论坛）、微博等各种自我表达的渠道和自由言说的空间，享受由自己主宰的信息与娱乐。这一传播模式的变革已经渗入我们社会的肌体之中，带来人的思维感知方式、工作生活方式和社会、政治、经济、文化等各领域的重构。

但不容否认的是，这把数字传播技术之剑带来的全民表达时代也有它的两面性：积极性的一面是在这个空间里，言论和思想得以自由而广泛的传播交流，有利于媒介公共平台的搭建，营造意见的公共领域，在一定程度上加强和促进了民主进程；但另一方面，传统媒体中的“把关人”作用在这一空间受到了全面的抵制和消解，“把关人”作用的弱化会带来一些消极影响，如信息的极度丰富造成了“信息过载”的压力和困扰；在“解放了人们嘴巴”的同时，也造成了人们在众说纷纭的多元表达下的无所适从。另外，由于个体生产的信息是分散的、碎片化的，因而信息消费者遭遇虚假信息的风险将加大。在网络信息中有恶意揭露他人隐私的，有利用视频数字合成手段进行“恶搞”或造假的，有大胆暴露自己隐私，张扬色情和暴力的……网络空间里这些挑战传统道德的行为对主流文化和主流价值观产生了解构的作用。

4. 赛博空间的虚拟社区

网络化电视里，电脑与互联网为我们提供了一个虚拟的世界，虚拟世界不是自然世界的替代物，但它的确为想开拓眼界和分享体验的人提供了机会，除此之外，他们无处可得。

据尼尔森2009年3月9日发布的《全球社会化网络报告》（*Global Faces and Networked Places*）显示，综合了社交和博客功能的“会员制社区网站”的日访问量超过全球网民数量的三分之二（67%），已超过个人电子邮件业务量，成为位列搜索、门户网站、电脑软件之后的第四大网络最流行的活动。网上虚拟社区的参与者不仅是深受网络影响的“网络人”，而且他们自己作为内容生产者也塑造了网络社区，并成为媒介内容的组成部分。这些参与者在虚拟社区里的传播是自发性的、非组织性的，也可称其为“自组织”。

传播学大师施拉姆在分析传播与社区的关系时有这样一段论述：“传播是社会得以形成的基础。传播（Communication）一词与社区（Community）一词有共同的词根，这绝非偶然。没有传播，就不会有社区；同样，没有社区，也不会有传播。使人类社会有别于其他动物社会的主要是人类传播的特定特性。”而英语中的“Communicate”就有“参与”的意思，有趣的是电脑（Computer）和传播（Communication）也有一个共同的词根，词根“com”有“共、全、合、与”等意义，与大家共同的“参与”紧密相关。在以电脑为中介的虚拟社区中，传播更加畅通无阻和繁荣，人们的参与意识更强烈，在其中形成了独特的人际关系。

在网络上脱离肉体束缚的参与者即被麦克卢汉称为“无形无象之人”，他们自觉、自愿、自动地选择某一虚拟社区，如“易粉”们的易中天吧、被人冒名顶替上大学事件的罗彩霞吧、华南虎事件中的“挺虎派”博客圈和“倒虎派”博客圈、人民网强国论坛、央视网复兴论坛、天涯社区、各种QQ群，等等，这些都是一个个各具主题的虚拟社区。每个社区一般具有即时通信、发帖讨论、网络投票、聊天室等功能，开放性和参与性是其基本特性。随着上网人数和每个人上网次数、时间的增加，网络上的虚拟社区正日益成熟且更加多样化。由网络引发的一起起事件对于现实世界的干预力量，证明了各种虚拟社区已成为思想文化信息的集散地和社会舆情的放大器，产生了不可忽视的社会影响力。

电视和网络的融合必然要面对的一个问题是如何利用网络虚拟社区的诸多资源，并建设自己健康活跃的虚拟社区，发挥其公共话语平台和整合力量的作用，并善于发现、引导、培养自己的论坛舆论领袖。这就要求我们应该对赛博空间的虚拟社区特征有一个清晰的认识。

（1）虚拟社区因网缘而生

社区是指人们以地缘关系为基础结成的互助合作的群体。现实社区概念之所以强调地理空间要素，是因为在现实的人际交往中，地理空间是一个非常重要的要素，人们只有在一定的空间范围内才有可能方便地彼此往来互动。

虚拟社区则因网缘关系而生，又被称为虚拟社群、网络社区。在网络上，赛博空间的地球村村民联结成一个个虚拟群体。霍华德·里恩戈德在他的著作《虚拟社群》中，将其定义为：“一群主要借由计算机网络彼此沟通的人们，他们彼此有某种程度的认识、分享某种程度的知识和信息，在很大程度上如同对待朋友般彼此关怀，从而所形成的团体。”他强烈主张在数字时代会有一种新型的社群产生，这种社群以共享的价值和利益为中心，将人群聚集在线上。互联网社会学家巴里威尔曼和其同事的研究表明，虚拟社群和现实生活中的实质社群一样，两者乃是社群的不同形式。在虚拟社区中，成员间分享某些共同的经验、语言、符号，甚至仪式等文化规范，从而逐渐建构起网络社群亚文化。传播学者丹尼斯•麦奎尔在概括传播学中的文化研究学派的受众研究特色时也提到：“特定类型的受众常常组成解读群体，他们共享许多同样的体验、话语形式和理解媒介的框架。”某一群体由于相同或相近的价值取向、爱好、兴趣而形成共同的认知模式。保罗•莱文森则将其称为“表征性社区”，这个社区可以是文本组合的社区，也可能是视像或音频组合的社区，一切的信息交流和沟通都是通过在线的、同步的或非同步传播来实现的，非同步的、移时的回应使参与者有足够的时间和心理准备去思索和回应，使人可以在状态最好的时候参加，这样的对话往往是“丰富、多面、永久在案、自发自然的对话”。

（2）虚拟社区培育不再“沉默的大多数”

德国传播学者诺利•纽曼自20世纪70年代始，发展与验证了沉默的螺旋理论体系，这一理论认为为了防止被孤立，个人在表明自己的观点之前要对周围的意见环境进行观察，当发现自己属于“多数”或者“优势”意见时，倾向于积极大胆地表明自己的观点；当发现自己属于“少数”或者“劣势”意见时，一般人会由于环境压力而转向沉默或者附和另一方意见。如此循环往复，最后的结果便是一方的声音越来越强大，另一方越来越沉默。沉默的螺旋理论基于这样一个假设：大多数个人会力图避免由于持有与主流意见相悖的某些态度和信念而产生的孤立。这种对“被孤立”的恐惧有时会造成“沉默的大多数”。

一般而言，传统媒体是作为精英或权力阶层的“喉舌”存在的，广大的“草根”阶层则处于话语权的稀缺状态，属于“沉默的大多数”。

互联网的出现对这一理论提出了挑战。在“沉默的螺旋”假说中起重要作用的“从众、趋同心理”，在赛博空间中产生了变化。互联网的平等性、匿名性和跨越地域的特性，使处于虚拟空间中的个人与现实中的人格主体存在分离，群体很难对大胆发表自己的非主流意见的个体施加压力。于是作为支撑该理论的假设，即惧怕被孤立的从众心理也就不复存在，沉默的螺旋效应在这一空间中也就被大大弱化了。

本雅明认为：在传统的文本书写时代，作者和阅读者之间因文本的不可更改性产生了一种潜在的等级制度，处于不可逆的位置。而在数字时代的赛博空间里，基于网络先进的超文本技术，每一个文本都是可再写的，可以被无数的阅读者参与改写和评议。这就打破了印刷时代严格区分的作者和阅读者的界限，消解了作者的权威。网络文本不再总是一个意义的中心，而是一个可以衍生出许多其他分支的最初发源点。在虚拟社群中，文本的可改写性释放了传统文本书写时代的压迫感和等级制度，产生的是一种平权原则下的自由和平等，每一个个体都被赋予了一种反抗“独裁”和“权威”的可能性，拥有了自由言说的权利。这是由于虚拟社区具有虚拟性、匿名性、平等性、开放性等特征，个体可以隐藏其性别、年龄、种族、社会地位等方面的可视特征，易造成如马克·波斯特所说的“交际的放纵”和“无节制的身份更换”，可以随心所欲地表达。网络上的人际交流空间比现实生活中的空间要广阔得多，只要语言相通、表达得当，一个中国小学生可以与远在大洋彼岸的美国学者在线交谈，网友可以就中美关系、住房、教育等与总理交流，甚至可以拉家常，谈在家是否做饭的问题。网上交流基本打破了现实中个体交流者身份、文化及地域的限制，所以，网络中虚拟的传播空间为现实人际传播提供了更多改善与选择的可能性。

在虚拟社区中，人们就某一议题，发表自己与众不同的声音，这一声音可能会吸引更多志同道合的支持者——他们也是原本的“沉默者”，越来越多“同盟者”的加入会把这一本来是“另类”的声音放大，从而引起社会对此种声音的关注。于是“沉默的大多数”不再沉默，他们对于社会公共事务不再迟钝、模糊和被迫沉默。在网络颠覆权威、民主平等的内在结构中，这些虚拟的个体进行双向互动的交流，充分张扬自我个性，以一种碎片化的广泛存在恣意实现着对所处社会制度的反抗和诉求。

（3）虚拟社区成为自由言说的公共话语平台

施拉姆在他的书中为我们描绘了电子媒介进入传统村落给村民们带来的震动：“一次我在中东的一个与四周隔绝的村庄里，看到一台无线电收音机在头人家里播放。村里人通过它第一次感到‘知识就是力量’。它表明了它的拥有者的身份，头人第一个从它那里得到消息，并控制着是否让别人听。对于他和所有听广播的人，这台小小的收音机成了带着他们飞到另一个天地去的‘魔毯’。但是，显示这台收音机效果的最令人印象深刻的情景，是那些以前主要通过收税人或兵士了解上级政府的村民。他们第一次听到领导者的发言人邀请他们参与管理国家大事，他们面部流露出来的惊奇、怀疑和有点迷茫的表情，构成一幅令人难忘的图画。”

与施拉姆笔下的中东某地的偏僻村落不同，在数字时代的媒介图景中，网上地球村的“村民”没有丝毫的惊奇怀疑和迷茫，他们在各自的“村落”中从容议政、抨击时弊、建言献策。

经由国际互联网建立的无国界、无区域、无身份的高低贵贱之别的虚拟社区，是一个空前自由的言论空间。由于虚拟社区有很强的参与性和互动性，社区成员在这一虚拟空间里可以对某些信息进行个人解读和评论，并补充自己掌握的信息，使社区中的信息呈滚雪球式传播，无疑在无形中延伸了信息传播的广度和深度。

虚拟社区的成员除了可在网络中浏览丰富的资讯外，还可以在各种论坛、博客、新闻组及 QQ 等即时通信工具中指点议论身边大事小情乃至国家政策，从而使普通公众，包括弱势群体、边缘群体拥有了更多的表达渠道。民意民情可以通过网络即时呈现，甚至形成强大的舆论压力，足以引导传统媒体的议程设置和干预政府决策，如“孙志刚案”“宝马案”“刘涌案”“华南虎事件”等。“知屋漏者在宇下，知政失者在草野”，对社会问题、政策得失感受深切、最有发言权的是各行各业的平民百姓，如保罗·莱文森所言，在数字时代由迥然不同的个人来控制信息，总是比集中的权威来控制信息好。

虚拟社区中网民自发的话题往往成为关注的焦点，成为传统媒介设置议程的源头和推动力，使传统媒介的议程设置权无形中被削弱，可以说其对社会舆论的态势和走向产生着不可估量的影响。

（三）电视与互联网交融催生新能量

由于媒介的融合与杂交会产生巨大的能量，因此，网络化电视会催生出新的节目形态，带来个体传播的能力的放大，并具有提供“全景化”信息的可能性。

1. 媒介杂交催生新的节目形态

电视和网络两种不同媒介的杂交，会在承继各自媒介特点的基础上，催生出新的、更多的节目形态。

麦克卢汉的“媒介是人的延伸”这一观点早已深入人心：任何媒介都是人的感官或身体功能的延伸或扩展。它们是由于人自身的需求而产生的，又是随着技术和社会进步在不断满足人的需求中发展演进的。新的媒体的出现，从本质上讲，是因为它在某些方面更符合人的本质需求，是一种较之旧媒介更为人性化的传播方式，前面的媒介成为后出现媒介的内容。

保罗·莱文森的人性化趋势理论也指出，媒介以达尔文进化论的方式演进，适合人类需求的媒介生存下来，不适合的则会按照人类的需求进行改进。因此，他进一步提出了“补救性媒介”理论，具有主观能动性的人遵循自身的需求弥补过去媒介的不足，使之人性化。网络化电视即是对传统电视受众的线性被动收看、缺乏互动和参与性的补偿，是顺应人的本质需求的一种逆转。

传统电视机构经过长期的运作，已是较为成熟的电视产品生产者，不论是电视新闻、纪录片，还是电视剧，其都具有内容和资源优势。有些品牌电视产品，如美国的《60 分钟》《今晚》，中国的《焦点访谈》《新闻调查》等还具有显著的公信力优势，这种公信力源于其在电视新闻传播领域的专业品质和规范化生产，来自受众对这些电视新闻节目的传播影响力和价值的认同的积淀。

互联网及其他基于互联网的新媒体则具有信息海量、发布成本低、传受一体、分散性和互动性、超链接、自由平等的传播特点。网络给大众提供了传播文字、声音、视频等各种形态的空间和可能，使每个网民都可以任意发挥自己的创造力与想象力，同时网络的传播特点给大众提供了一个快速高效的虚拟的“意见自由市场”，每个人可以就自己关心的事件、问题自由地讨论与争辩，发表自己的观点，表明自己的态度与立场。现在网络已经成为公众参与社会政治活动、形成公共舆论、影响公共决策的重要工具和公共领域形成发展的重要力量之一，成为政治文明和民主建设的推进器。

由于数字化的缘故，作为“信息 DNA”的比特可以毫不费力地相互组合，可以同时使用声音、图像、数据，也可以分别独立使用。随心所欲的组合将令媒体世界大为改观，这不仅使位于接收端的个体可以任意选择节目的形式——声音、影像或文字，对于信息制作者来说——无论是个体还是机构，也都面临着更多的可能性和创造性，新的节目形态将随之产生。

电视节目形态是电视节目内容的表现形式和结构方式。不同元素的排列组合或者编码方式构成不同的形态，呈现出不同的风格气质和功能取向。

我们不应把电视节目形态当成一种一成不变的静态或固态表现，因为它与电视媒体的整个生态环境相契合，呈现出不断演进、嬗变的动态发展过程。也就是说，电视节目形态因媒介生态诸要素中的技术、政治、经济和文化因子的改变而变化。其中技术因素对电视节目形态的影响最为直接和关键。印刷媒体一旦从印厂出来就立即解除了技术设备的束缚，而电视节目不仅在采集和制作阶段受技术制约，在传播和接收阶段仍然被技术牢固地控制着。其实，电视发展的历史已经非常清晰地彰显了传播技术对电视节目形态变化的决定性影响。比如，电视新闻节目从最初的原始直播到后来的声画分离，再到声画同步、现场同期声音的真实呈现，发展到电视直播、多视窗、跨越空间的音视频连线对话等，无不跟传播技术直接相关。可以说，有什么样的影像技术就有什么样的电视节目形态。

另外，我们必须认识到的是，任何一个新的节目形态并不是凭空产生、跟过去毫无瓜葛的，这是因为电视节目形态具有历史传承性，一个新形态不是从天上掉下来的，一般来说，它跟过去的形态、跟历史上的形态有一定的关系。比如目前盛行的谈话节目形态，往上回溯，它是电视节目早期曾大行其道的电视报告、电视讲话，属于纯粹的单向传播，形式单一。增加了与嘉宾和现场观众、场外观众的交流、互动和反馈环节后，则成为脱口秀性质的《实话实说》《对话》等这样的节目形态，而且这种形态随着电视与网络的融合还会继续变化，其参与性和互动性会愈加强化。

总之，网络化电视将为电视节目形态的发展提供更为广阔的空间。

2. 网络化电视的非集中化

传统电视媒体是一种树立中心意识的传播，而网络空间的传播除了“一对多”的传播模式外，还有“一对一”“多对一”“多对多”的传播模式，任何一个信息传播者都可以兼任信源、信宿两种角色，平等精神互联网的精神特质之一。因为“去中心化”是 Web 2.0 的核心思想，因此，在网络上所有用户都只是整个信息系统中的一个节点而已，“传”与“受”是系统中节点的两种状态。此外，信源（传者）与信宿（受者）都具有高度不确定性。当某一节点处于信源状态，而无数节点处于信宿状态时，呈现为一对多的大众传播；当一定数量的节点处于信源状态时，呈现为多对多的群体传播；当数量很少、身份固定的节点处于信源状态时，则呈现为一对一的人际传播。这种复合型的传播空间为创造出多元的话语空间奠定了基础。在网络化电视的空间里，地球村村民们的生活，比看传统电视时当消极观众的生活，显然要丰富多彩。他们可以彼此交往互动，而不是被动地坐在电视机前接收新闻。同时他们本人也可以是信息的发布者和传播者，他们甚至可以在全球范围内交换信息，除获知新闻、获得教育和娱乐外，还可以参与政治与商务。

网络化电视借助于数字技术和网络技术可为人们提供一个公共信息和话语的平台，各种思想、声音可以通过这个平台传达到地球村的任一角落。有人称今后的传播结构是蜂窝式的，每个人都拥有自己的话语权，大众传媒中点到面的传播结构已经不存在了。新的传播结构极大地改变了人们感知世界、认识世界和把握世界的方式，人们全身心地浸入、延伸自己的中枢神经系统来感受与体验，任何一个人的社会表达都有了一个前所未有的自由空间，使话语权的非集中化成为可能。

3. 赛博空间中的“全景化信息”

麦克卢汉认为，如果人际传播和现代电子传播推动的是格式塔式的、整体的理解，那么集人际传播和电子传播优势于一体的网络化电视将会实现对现实的这种完形的格式塔式的、全局的把握，它会带来全景化的信息。这也是关于媒介传播与人的需求越来越协调、越来越人性化理论的又一注脚。

由于赛博空间是一个开放和互动的声觉空间，从理论上讲，任何一个人都可以成为信息发布的主体，于是一个事件会有不止一个信源对它进行多侧面的描述、分析和论证，并且不局限于某一时间，引人关注的事件会有后续的补充纷至沓来。另外，由于赛博空间的海量存储功能，这不仅可以使对于新闻事件的报道更加深入，而且能够做到非常全面。互联网上的“维基百科”“百度知道”就是这一声觉空间的产物。比如，维基百科的口号是“自由的百科全书”，它本着内容开放的准则，允许大众的广泛参与，任何人都可以参与编辑（增添或修改）维基百科中的任何文章及条目，不论是内容还是编排，它鼓励人们放心去做，鼓励人们去编辑一篇文章并帮助维基百科成为网络上最棒的资料来源。

由于赛博空间秉承的是“海纳百川、有容乃大”的精神，来自不同信源的信息集合、汇聚于此，于是在这一开放的空间中信息得以不断叠加、补充，被证实或被证伪，日益趋于完整、全面和立体，也渐趋于能够最大限度地接近事件的本质真实。同一时间、不同地点，同一问题、不同表述的传播模式，能够使信息的深度和广度、时效性和真实性得到最完美的结合。

在互联网的声觉空间中易于形成“全景化信息”，即对现实生活的多维叙述和立体化表现。

朱羽君教授在她的《现代电视纪实》一书中，借用这一物理学上的概念提出了“场信息结构”这个概念，用以区别以往电视新闻纪实中的线性结构。她认为以往的记录是断续的、平面的。而“场”的概念包括一个场面的事件中其行为动态的相互关系、形象、声音、环境、氛围、心态的连贯所积累的可供观众观察和体验的时空，即把事件及其发生环境和背景进行有机的呈现，注重展现事件中有关各方的相互关系的冲撞与牵连，以求把事件立体化地再现于电视屏幕。这是对电视纪实类节目的线性结构的反拨，是对电视新闻传播的现实状况进行深刻观察后产生的具有前瞻意识的电视观念，但这种美好的愿望在传统电视媒体里只能努力构造而不能真正实现，所以大多数报道不可能也没有提供全景化的信息。

进入数字时代，我们的电视新闻工作者也在寻求将新闻事件置于全景式的报道中，如凤凰卫视的《凤凰全球连线》栏目即在做这样的努力，它不仅向观众传送新闻资讯，同时还传递不同国家、不同人群用不同角度对同一新闻事件的看法和表述，对新闻资讯作深度解读。因为从单一的角度看一个新闻事件，往往就像瞎子摸象，只看到事件的局部而忽略了其他，从而造成根本的误解和导向错误。而采取“全球连线”这一方式，谋求的正是让观众能从多个角度认识事件，从而最大可能地使解读后的观点客观公正。但是这种连线必须尽最大可能地选择各个具代表性的人物并让他们充分地表达自己的见解，才有可能使观众立体化地全盘认识新闻事件，但这在时长有限、新闻采编人员有限且线性传播的电视新闻中是根本不可能的。只有互动的、容量无限的网络化电视才可能为复杂的、多维的新闻事件提供全景化报道。

反观网络空间，近年来在历次大的突发事件中，大量的来自第一时间的现场信息是为数众多的普通民众通过网络渠道发布的，而电视等传统媒体只能事后采用网络上的素材做跟进报道。而且囿于时长的限制，电视媒体对任何事物、任何选题只能是择其要者而报道。虽然近年来电视新闻报道也追求多视角、细节化以增强事件的生动可感，但仍然是在有限的空间内做有限的努力。即使是号称在信息传播上最大限度地减小了损耗的现场直播，仍然不可能等同于现场，它仍然需要选择，需要对时空进行重构。而且这种选择和重构如果不是在开放与互动的平台上进行，就必然不可避免地带有单方面的“传者意愿”，其排列与组合都带有一定程度的突出和强化的意义，而非多元视角与多方观点的展示，也就不能满足不同受众的不同需求。

三、变革、创新体制和机制

这里提到的体制主要指目前广播电视台、报业等新闻机构，用人机制设置上新闻采编人员的“双轨制”问题。“双轨制”用人机制的突出问题是：大量编制外的新闻采编人员做着和编制内人员同样的工作，但却无法获得真正的身份，成为新闻机构里真正的“主人”。在新媒体这样一个大时代背景下，媒体融合涉及传统媒体的组织重构、新闻生产的流程再造等一系列问题，这些都是与以往新闻媒体运作不同的新事物。环境复杂了，新闻采编工作的内容和任务更艰巨了，而大量只能以“新闻民工”身份存在于老体制内的优秀新闻采编人员，如何能以主人翁的姿态撑起“新闻”这片天空？这对媒体融合无疑是一个重大问题。“并轨”，已经是一个迫在眉睫的问题了。

（一）尽快出台解决“双轨制”问题的相关政策

相关政策可以考虑从过渡性逐渐到完全并轨。新闻机构中采编人员的“双轨制”问题是一个社会普遍存在的历史问题，一蹴而就的并轨可能会给新闻机构乃至社会带来不小的震荡，过渡性逐渐并轨或许是媒体融合变革中的最优选择。

和社会其他用人机构一样，新闻采编人员的“双轨制”起源于 20 世纪 90 年代初，是当时新闻机构发展的权宜之计。当时各新闻机构都处在大发展时期，作为事业单位的新闻机构，在编制和用工方面受到人事和上级行政部门的严格控制。另外，广告作为一种新生事物出现在电视、广播和报纸杂志中，使得新闻机构获得了不少经济收入。这笔收入支撑了各新闻机构纷纷采用聘用制的方法，来解决大发展时期采编人员不足的问题。人员问题解决了，电视台十几个频道每天近百小时自制节目的生产能力问题解决了，可随着改革发展的不断深化，“双轨制”带来的一系列问题却没有得到解决，并且愈演愈烈，成为今天的“定制”。“双轨制”体制下，编制外的新闻采编人员难以实现和编制内人员的“同工同酬”，尤其是在职位提升方面存在巨大差异，这种现象被业界称为“新闻民工现象”。当前在某些大城市的新闻机构中，“新闻民工”的人数已超过了在编人员的数量，成了事实上的当今中国媒界新闻采编的主力军。

“双轨制”发展到今天近乎成“定制”，扭曲了新闻改革的初衷，增加了新闻改革的成本。而今天的传统新闻媒体机构正面临着媒体融合过程中前所未有的巨大冲击和挑战之际，解决“双轨制”问题不仅迫在眉睫，还是一个棘手的问题。在这种情况下，“飞跃式”的变革可能会引致一些社会问题，而采取过渡式或者快速过渡不失为一种当前环境下较为稳妥的方法。应尽快出台解决“双轨制”问题的具体路径、方式等相关政策，以使新闻体制能在短时间内得到更深层次的创新，使新闻媒体更好地发挥其当前在全球化背景下应有的作用。

（二）新闻机构需创新用人机制为“并轨”做好准备

新闻机构长期以来定位上的“双轨制”，导致了用人机制上的“双轨制”。“双轨制”极大地挫伤了新闻采编人员的积极性。不可否认，很多新闻机构已经意识到了这个问题的严重性，解决了编制外采编人员的部分或全部社会福利问题，但这些编外采编人员的提升和任用问题仍无法得到解决，仍有不少新闻机构的采编人员，同岗同责而不能同酬。当年实行“双轨制”之初的很多年轻人已经步入中年，他们满怀着对新闻事业的美好憧憬进入了新闻媒体机构，在实践中积累了丰富的经验，已经成为当下媒体融合大潮中的主力军，但他们也已承担起了家庭的重担。给他们希望和激励的最好方式，莫过于改变他们“新闻民工”的地位，让他们真正成为新闻机构的主人，以坚定的职业操守和职业理想，在全球化的媒体融合中发挥他们的重要作用。在全球化、全媒体的媒体融合时代，对“双轨制”体制下的用人机制的改革与创新已经毋庸置疑。新闻机构应从实际出发，尽力并快速创新“双轨制”体制下的用人机制，为即将到来的“并轨”做好准备。这也是媒体融合大势下新闻媒体机构应该努力做好的事。

四、处理好媒体经营与新闻生产的关系

（一）做好守住“阵地”的新闻

对广播、电视、报纸等主流媒体而言，无论是“两台合并”，还是未来的广电报媒体集团，“新闻立台”历来都是永恒的宗旨，完成主流媒体的新闻宣传任务永远都是第一位的。原因很简单，主流媒体的首要任务就是做好新闻。只有做好了新闻，才能坚守好阵地，才能获得媒体融合大舞台的“经营许可证”。当然，这对新闻传媒界而言的确是一道难解的综合题。因为，媒体融合目前在全球范围内似乎都没有成熟的解决方案可资借鉴。目前我国大部分传统媒体还没有实现采编业务、组织机构和资本方面的全面融合，传统媒体业务和新兴媒体业务还是“两张皮”，还没有融合发展的路径，没有清晰的盈利模式。但这恰恰也给了我们极大的激励，那就是全球的传统媒体基本上都处于同一起跑线上。这对中国主流媒体而言，是挑战，但更是机遇。所以，传统主流媒体应先做好能守住“阵地”的新闻业务，获取媒体融合大舞台的“经营许可证”，然后根据自身在大舞台上的定位，来确立自己的盈利模式，这是媒体经营的重要基础和前提。美国以电视新闻为主导的新闻媒体市场多足鼎立、和谐共生的格局，正是由于各媒体在新闻大市场上的不同定位形成了互补，既做好了各具特色的新闻，也获得了丰厚的盈利。当然，对我国新闻媒体而言，需要运用互联网思维和大胆创新的勇气和谋略。

（二）先“改存量”再“做增量”

对于新闻媒体机构而言，“存量”是什么？是不适应媒体融合的东西。最为突出的是媒体融合所涉及的采编流程再造和组织构架调整。事实上，在媒体融合实践中，传统的主流媒体都已经认识到了媒体融合是必需的，但媒体融合发展表现出来的不仅是传播渠道和形态的变化，更涉及资源整合、新闻内容的生产融合、终端和渠道融合、组织和管理融合、新闻媒体和用户的深度融合等问题。要“改存量”，必须首先打通这些融合。把居住在“大杂院”里的传统媒体和新兴媒体的“小灶”改成“大厨房”，大家欢聚一堂，统一采集新闻，按各媒体的特色分类加工，再由“大厨房中心”集中分发。事实上，一些西方国家的新闻媒体在这方面已经有些许经验可资借鉴。做好了“存量”，新老媒体互融了，效率更高了，“做增量”。“做增量”是一种探索，比如，搭建国际交流平台，探索互利双赢的发展模式，如节目合作、节目交换、国际间大型事件的联合采访，探索与国外新闻媒体的资本合作，等等。

第二章　当代媒体环境下的电视新闻编辑转型

随着互联网的崛起，诸多新兴媒体出现，引导着各式新旧媒体走向全媒体的融合之路，给电视新闻行业带来了翻天覆地的变化，使得电视行业谋求转型。但，何为转型？转向何方？如何转？这三个问题既是困扰着无数电视新闻编辑的核心问题，也是本章所探讨的重点内容。

第一节　认识电视新闻编辑工作

一、电视新闻编辑的概念

电视新闻节目编辑，有两层含义，即广义的电视新闻编辑和狭义的电视新闻编辑。广义的电视新闻编辑不仅包括以电视节目（栏目）为客体的编辑活动，还包括在开展微观编辑业务之前对于电视台生态环境的认知、适应性策划、收视群体的定位、节目与栏目的构思与安排、新闻采访机构的设置与运作机制的总体设计、采写编发的工作流程的安排、对各种新闻活动的计划与组织、媒介社会性形象的设计与推广等。一句话，它是以电视台的全局工作为对象，是关乎电视台生存与发展的总体的谋划与设计。

狭义的电视新闻编辑是以电视新闻节目的采访与制作为基础的。电视采访是指记者到新闻发生的现场去采集新闻画面和声音素材；节目制作，是记者、编辑对承载信息的视听符号进行机上操作，并将它们按一定的规律结构成片的表达形式实现编辑意图、完成节目表现的过程。它需要掌握一定的现代电视技术，娴熟、准确地运用系列电视节目制作手段，是一种高质量地进行节目创作的精神生产活动。

二、电视新闻编辑工作的内容

电视新闻编辑工作内容主要包括组织报道和后期制作两大部分，并在此基础上征求领导审查意见进行修改、播出。

（一）组织报道

编辑要在一定报道思想的基础上，制订出正确的报道计划，然后通过报道计划为记者的前期采访做好参谋。

1. 报道计划

依据报道思想，制订报道计划并组织实施报道，是电视新闻编辑的首要职责。它体现了新闻编辑能动的创造性，贯穿于新闻报道的全过程。报道思想要通过切实可行的报道计划加以具体化。报道计划将从报道内容和报道形式两方面对整个报道进行宏观控制，并指导具体报道的实施。从报道内容角度看，它要为整个报道描绘一个大概的轮廓，统筹安排报道的重点、报道的阶段和报道的选题等，以指导记者、编辑的具体实施。

从报道形式角度看，报道计划由两部分组成。

（1）在报道内容方面：要为整个报道描绘一个大概的轮廓并做出统筹安排，包括报道的重点、报道的阶段、报道的重要选题等，使记者、编辑明确方向。

（2）在报道形式方面：要根据报道的规模，组织报道力量，选择报道的方法，准备好采摄的技术设备。总之，报道计划是在报道思想统领下，决定报道选题、报道方式，最后形成报道的依据和准备。

2. 确立报道构思

编辑的核心作用在专题类、评论类新闻节目的采摄中尤为明显。从确定节目选题，选择报道角度到采访实施和后期编辑，都离不开电视新闻编辑的创造性工作，也就是报道构思。

电视新闻编辑根据报道计划，从大量新闻线索中遴选报道题材，并通过采访，确立报道角度进行深入挖掘，占有大量新闻素材，经过理性的分析、思考，提炼出报道主题，并通过报道突出所表现的思想观点和新闻事实。

节目报道构思是节目制作行动的纲领。对于电视新闻节目来说，构思不能先入为主，要根据实际情况不断修改、完善，也不能忽略构思导致采访目的不明确。

3. 报道策划

报道策划是指编辑部对重大新闻的选题、报道形式、编排方式的统筹、计划。它包含以下层次内容。

（1）使单条新闻与栏目整体风格一致，对有价值的新闻进行全方位的精确报道。

（2）针对某一问题或现象以组合式（包裹式）报道的方式进行集中报道，形成宣传上的强势，达到舆论引导和监督的目的。

（3）对事件或现象做出前瞻性的预测，提前准备、避免盲动。

（二）新闻后期制作

1. 画面编辑

电视新闻编辑凭借新闻判断和形象判断力，运用电子编辑设备对前期摄取的画面进行选择、剪辑处理的过程被称为“画面编辑”。画面编辑的基本任务是：根据叙述事实、表达主题的需要，判别取舍素材镜头，并按剪接法将它们连接在一起，辅之以制作手段和技巧，形成新闻的结构、层次和节奏，形成形象化的报道。画面编辑的优劣很大程度上取决于电视新闻编辑对新闻形象的选择和创造性处理。

画面编辑对前期采摄的素材进行能动的再创造，既是对前期节目构思的实现，又是对前期节目构思的完善。一个称职的新闻编辑能够运用编辑手段来提高节目的表现力，能够充分挖掘画面的内在张力。

2. 声音编辑

先编辑画面和同期声，后配语言、音乐、音响，目前大多数的新闻制作采取这种方式。

因为目前绝大多数摄像机和编辑机只有两个声道，而要录入的解说、音乐、音响又错综复杂，所以必须按一定程序进行工作。

（1）根据内容和表达的需要，逐一编好画面和采访、同期声、环境音响、客观音乐。编辑客观音乐时尤其要注意乐段、乐句相对完整，不能半句起，也不能半句完，更不能切在不稳定音时结束，如果只能在不稳定音时结束，操作录音电平旋钮作渐弱隐去。

（2）在采访段落声音编辑时，可利用声音先入或声音延后技巧，这样比声画同步切换要柔和、自然。

（3）在处理环境音响时，为避免画面切换时造成的音响突然出现或突然停止，也常采用声音先入或声音延后技巧，即上一个画面音响延后到下一画面一两秒并渐弱出，或下一画面的音响在上一画面渐强起早一两秒的方法，像画面叠化一样柔和。

（4）对声音各项一一改动加工后，在另一声道录解说。编导与播音员一起看片，并把对情绪和语调语气的要求提出来，告知段落起点和必须对画面的地方。

（5）录解说时先试音，编导与录音员调整调音台的音质、音量，观察输入电平、输出电平和录音电平。编导及时提示播音员解说词在画面何处开始。录完解说要一起校对一遍，有错的地方可以找入点和出点分别改动。

（6）一般来说，录入解说的同时也要保留同期声，要注意操作编辑台或调音台上的键钮控制音量，将同期声调低。解说音量应调到录音电平的 -7dB 至 -3dB，可以偶然到 0dB 或红线区。经常要调整的是另一种声音，即采访和同期声、环境音响和加工后的音响、客观音乐，在有解说词的时候把电平降到 -10dB 以下，没有解说词的地方把电平又调到 -7dB 至 -3dB，每次调整音量的提前量是一两秒，动作一定要柔和，使音量渐强、渐弱与解说的交替做到转换自如。如果需要加音乐、音效还必须把解说词和同期声合到一个声道，留出另一个声道给音乐、音响。

（7）将工作版的两个声道声音合至工作版 2 的一声道。下一步是将画面段落情绪、气氛、形象设计的主观音乐一段一段录制。方法有两种：一种是将音乐录到另一盘磁带上，用放机和录机由自动编辑控制器编辑；另一种是由录音机放音乐输入录机录制。两种方法都要经过调音台，前种打入点出点速度快、准确，但音乐被转录过一次可能音乐质量有损失。后一种方法录音机的开机时间比较难控制，因为录机有预卷时间，录音机开机时间应在预卷走完、时间计数器为 0 时按下。一般录音机找乐曲开始点难以准确，最好使用有分秒显示的录音机、CD 或 MD 磁光机。录音乐时录音电平指针应指在 -7dB 至 -3dB。

（8）录完音乐就表明将所有声音录好，最后把工作版 2 分别在两个声道的语言、音乐、音响合成到原版一声道。

将工作版 2 放进放机，取来原版放进录机，放机两路声音分别进调音台两路输入通道，调音台输出先插入录机一声道。

混录是音量主次比例和音质的最后调整，在同一时间只能有一种声音为主，

其他声音应小于 -10dB。解说和采访应始终是为主的，但其他声音在该突出时才能为主。解说词绝不能写得太多，解说和音乐应尽量不要同时出现，以发挥各自的作用。转场音响是关键处，应予以突出地位。音响的总量应该比音乐多，但一般都处于背景地位，只有音响特写或较长段落音响在制造特殊气氛时才突出它。交替、连贯、补充、呼应是基本原则，但有时候以空白声出现，则有此时无声胜有声的感觉。

（9）所有声音混入一个声道，在播出时避免了误操作；另一声道空出主要是供国际间交流节目，录其他语言所用。

（10）原版供播出用，复制副版供存留。如有修改的地方可以分别在两个工作版上找到并及时修改，然后重新合成。

3. 文字编辑

电视新闻编辑要有较强的文字功底，能够熟练进行新闻节目的文字编辑，如撰写、修改新闻解说词、新闻标题、新闻提要和串联词，并为重要新闻撰写编后语，表明编辑部的立场和态度。

电视新闻解说词是传达新闻事实的重要语言符号，同时也是对画面形象的补充和深化。撰写新闻解说词应依据电视新闻传播规律，注意避免出现“声画两张皮”现象；还要交代必要的背景资料；也要交代新闻的“5 个 W”（When 何时，Where 何地，Why 何因，Who 何人，What 何事）。

新闻提要是为了突出重要新闻事件，指导、吸引观众收看而采用的一种编播技巧，运用得当既可体现编辑意图，又可为观众提供有益的服务。新闻提要可以在一次电视新闻栏目的开始和结尾，以字幕与口播选播部分重要新闻的题目，提醒观众注意重要新闻，也可以在新闻播出过程之中，间或出现播报员或主持人插播方式的提示。撰写新闻提要应该简洁、准确、精练、上口、入耳。

串联词是指上下新闻之间承上启下的简短议论和介绍。不论是提示下文或是议论上文都要求简短、生动、富有吸引力。

编辑要有强烈的新闻敏感性，能够及时发现新闻中所含有的新思想、新观念，并配以“编后语”等短评，深化新闻节目的内容。能否撰写短小精悍的评论，也是衡量编辑新闻素质的重要标志。

新闻标题是新闻主题的浓缩、集中，好标题可以画龙点睛，为电视新闻锦上添花。新闻编辑应该能以最简练的文字提炼好标题，加强新闻传播效果。

4. 录制播出

编辑要参与新闻节目后期复制合成工作，注意监听、监看画面与解说的配合，并及时修改、调整不正确的地方。在新闻节目直播时，编辑的责任更加重大，责任编辑应在导播台前，随时准备处理紧急情况，保证播出顺利进行。

三、电视新闻编辑工作的原则要求

电视新闻编辑工作的原则关键是两条：一是必须忠于事实，二是要敢于创新。另外，在具体工作内容上还应强调对新闻素材符号的组接和新闻节奏的控制，最终实现对质量的把控。

（一）忠于事实

忠于事实，是电视新闻编辑最基本的工作原则，是编辑人员必须严格遵循的工作规范。

电视新闻前期的采访、拍摄、撰写文字稿和编辑画面，是由记者和摄像师完成的，前者把文字稿和经过初编的素材带交给编辑时，他的任务便告完成。但是在编辑的眼里，记者交来的只是素材，最后让观众看到的完整的电视新闻节目才是成品。编辑工作有着极大的创造空间。今天的电视编辑借助先进的电子编辑技术，已经能够获得超出“蒙太奇”的编辑效果，电视新闻编辑工作也正在由预制式向直播式迈进，编辑思维也开始由简单的排列组合型进入复杂的“创作”型时代。①

但是，越是进入“创作”型时代，越需要强调编辑的工作必须尊重记者的前期劳动和个人风格，在具体的编辑工作中以忠于事实作为最重要的工作规范。编辑工作的目标是提高新闻报道质量，而不是要“创作”新闻。在这样的目标和原则下，编辑需要从熟悉素材入手，通过具体的现场画面去体现新闻的主题及记者的采摄构想。那些试图对新闻素材进行“艺术化”处理的编辑思想、那些补拍和“情景再现”的编辑“技巧”、那些有可能导致新闻事实发生改变的种种手段，都违背了忠于事实的工作规范。

忠于事实还需要工作机制的支持。

---

① 高红．浅论电视新闻编辑学 [J]. 活力，2016（11）：43.

（二）敢于创新

编辑工作必须忠于事实，却又不能墨守成规，不能满足于从一堆图像资料中“剪”一分钟左右的画面来，也不能满足于简单的声画对位。编辑工作必须善于创新，而且要把“敢于创新”作为工作原则来执行。

编辑工作应该在熟悉文字和画面素材的基础上把握新闻总体内容的逻辑特征，通过对新闻素材的选编、制作，消除报道中可能存在的错误，并凭借自己对新闻的感受，从新闻素材中提炼出典型画面和关键情节，进一步挖掘记者报送的新闻素材的价值。编辑人员需要这样做的理由是：

① 现场报道人员可能对面上的情况掌握不够；

② 现场报道人员对当前的大局未必把握得十分准确和恰当；

③ 现场报道人员对电视台最近一段时间的报道思想领会得未必全面；

④ 新闻所反映的“接近性”未必真的满足了观众的愿望。

（三）组接符号

“组接符号”主要是说单条新闻的画面、声音、文字符号的衔接，重点是画面符号的组接。画面符号的组接一般分为有技巧组接和无技巧组接两种。

1. 有技巧组接

包括淡出、淡入、化、圈、划等组接手法，其特点是人为的痕迹比较重，在短新闻片中要慎用。

（1）淡出、淡入（又称渐隐、渐现）：上一个画面逐渐隐逝，下一个画面逐渐显现。这是一种舒缓渐变的组接，承接的画面间有一段黑画面，给人视觉上的间歇，产生完整的段落节奏感。这一手法新闻片中要慎用。

（2）化：前后两个镜头的淡入、淡出叠印在一起称为“化”。“化”的时间长短，可根据内容需要控制其节奏。这一技法常用来分隔和连接不完整的段落、场面及过场。

（3）圈、划：都是用明显的或模糊的线条（圈形、直线形、斜线形）抹去上一画面、抹出下一画面。其变化节奏较之“淡”和“化”更紧凑。

2. 无技巧组接

这是采用切换的手法完成画面衔接的组接方式。凡是内容上关系紧密（有对应、因果关系）或形式上有相似之处的画面内容，适宜采用直接连接的方式将其组接在一起，这种组接方式被称为“切换”，又称“切”。“切”属于无技巧组接，具有变换视点方便、自然，表现内容简洁、明快等特点。

上两种组接方式各有不同的节奏特点，应根据内容需要选择运用。为保证真实观的报道事实，电视新闻应该采用“切”的方式组接画面。非线性编辑系统中有很多诸如淡出、淡入、闪白、慢动作等特技功能。这些特技的开发和运用使电视新闻的编辑更顺畅、更完美，电视语言的表达更有个性和表现力，如果运用得当，有助于观众深化对报道主题的认识。在一些连续报道、专题新闻、新闻纪录片等新闻长片中，有技巧组接手法可以适当运用，但是一定要合理，丝毫不应该影响电视新闻的真实性。

3. 动静衔接

所谓画面相接的动与静，是针对画内主体的运动节律而言的。动与静画面的多样式衔接所形成的节奏、传达的气氛和情绪是不一样的。动静画面衔接一般有四种情况。

（1）动接动

动接动有两种情形。一种是两个在视觉上都有明显动态的画面的连接。所连接的一般是不同的主体画面，譬如上一个画面主体是奔驰的火车，下一个镜头则可接流动的街景。两个动态画面的连接适合采用“切”的手法，并运用上下画面间的逻辑关联进行过渡，节奏明快、流畅。第二种是运用动作剪接点使两个画面相接，是两个同一主体的画面之间的动态连接。这是一种连续性连接，譬如领导人下车一走进欢迎人群一欢呼鼓掌等几个动态镜头的连接就属于此类。运用这一技法的关键是要找准动作速度快、幅度大的那些转折点，以明显的变化引起注意，收到最佳转换衔接效果。这类动作点的选择，并非要重现活动的全过程，适当省略一些环节，反而能使结构更加紧凑。

（2）静接静

这是在视觉上没有明显动感的画面之间的组接形式，静接静不强调运动的连续性，而注重画面内部情节线索、感情线索的连贯。这种连接还强调借助事物内部的对比、隐喻、抒情和心理诸因素来实现，其组接效果是节奏流畅而情调含蓄的。

（3）静接动

静接动是动作不明显的画面与动作十分明显的画面之间的组接。这种组接推动情节的加剧发展，压缩屏幕时间，视觉效果简明而洗练。许多竞赛项目画面的组接，前一画面是等候发令枪声的运动员，后一画面则是枪响后奔跑的运动员，用的就是静接动的连接方式。

（4）动接静

与静接动恰好相反，动接静是在动感明显的画面后面紧接静感明显的画面。这一组接技法能造成明显的停顿效果。但是，由于动、静两个画面之间不容易找到应有的逻辑关系，在动、静连接的过程中动作、情节上的连贯容易被隔断，所以动接静的手法在新闻节目中要慎用。

4. 声画衔接

声画衔接是指声音和画面之间的有机连接。声画衔接的技巧，主要体现在选准声音和画面之间的最佳结合部，控制好“若即若离”的节奏，使之成为一个相互完善的有机整体，避免出现声画貌合神离的现象。

（四）控制节奏

节奏是生活与事物发展过程中出现的起伏、高低、强弱、快慢、明暗、曲直、粗细等一系列不平衡运动现象。在电视新闻中，节奏指的是画面、声音的运动状态。被摄物体的运动可以产生画面的内部节奏；摄像机镜头的运动使画面空间发生了变化，产生了外部节奏字幕的行进、动画的演示、色彩的变化、光效的明暗，也都产生了画面节奏；另外，播音、解说的语速快慢、语调高低、情感变化，不仅表现了自身的语言节奏，还体现了与画面相适应的节奏。

电视新闻编辑中最值得关注并应重点控制的是以下几种节奏。

1. 画内运动节奏

一般情况下，一组连续画面中的主体运动的速度应该一致或相近。如果出现了比较大的速度反差，可能是用了有技巧组接。用得是否得当，是否影响了新闻的真实，需要重点把关。

2. 镜头运动节奏

不同速度节奏的推、拉、摇、移画面，视觉效果迥然不一。为保证视觉反映的一致性，相接画面镜头运动的速度和节奏应当尽量一致。

3. 画面影调节奏

正常情况下，相接的两组画面影调应尽量趋于一致，以给观众和谐的感觉。有特殊需要时，也可将反差强烈的画面组接在一起，形成强烈对比，用于表达特殊的情感，或以期获得“转场”的效果。色调控制原理亦然，类似色调的画面相接时，节奏舒缓，对比色调的画面相接时，同样是为了取得强反差效果，用于表达特定的情感。

4. 画面景别节奏

画面组接的景别变化要循序渐进，用全景、近景、特写，将观众的视线由整体引向局部，或用相反景别排列，将观众的视线由局部引向整体，这种景别节奏平缓自然，交代事件清晰明白。当然，必要时也可以让全景与特写两极镜头直接相接，可以压缩屏幕时间造成特殊心理效果，但须以不损害新闻事实的真实性为原则。

5. 画面时间节奏

画面的时间长度因画面包容的不同内涵及画面中人物的情绪变化而有千差万别。全景包容的景物多，观众要看清景物诸内容，大约需要8秒钟，中景约需4～6秒钟，近景约需3秒钟，特写只需1～2秒钟。活动的主体，容易唤起观众的注意，引发兴趣的刺激强度大，画面时间节奏可以加快；静态的主体，传递给观众的是舒缓的情绪，视觉反应相对迟钝，画面的时间节奏相应要慢一些。但是“新闻的节奏不能慢得令人生厌，也不能快得令人感到莫名其妙”①。

通过节奏控制，实现节目内容的峰谷交叠、播出形式的张弛有致、播出过程的和谐流畅，其目的是让观众更愿意看电视新闻节目。恰当的节奏控制，对观众收看电视节目的注意力具有显著的吸引、调节作用。控制节奏是电视新闻编辑工作的基本内容，也是编辑人员需要掌握的工作技能。

控制节奏的基本要领是：

（1）让画内运动和镜头运动的速度变化更和谐一些；

（2）让画面色调的变化更自然一些；

（3）将长新闻和短新闻搭配播出；

（4）让图像新闻和口播新闻交替出现；

（5）一次节目中主持人的语速应尽量一致；

（6）一次节目中的批评性报道和正面报道要搭配得当；

（7）保持灵活性与整体性的统一，既不僵化，也不失范。

---

① ［美］特德•怀特．广播电视新闻报道写作与制作[M]．温国华，译．北京：中国广播电视出版社，1987.

（五）把控质量

从内容质量的角度来看，电视新闻质量的主要评价指标是镜头数量、画面类型及屏幕文字和声画关系的处理。

1. 镜头数量

1 分钟时间内可容纳远景、全景、中景、近景、特写等各类镜头共 10 个左右。高质量的新闻 1 分钟应该有 8 个以上的镜头，而其中的细节镜头应不少于 3 个。如果采访拍不到起码要求的镜头数量，就可能表明记者的采访尚不深入，或者现场把握能力欠缺，或是新闻事件本身的新闻价值不足。

2. 画面类型

虽然有 10 个镜头，但是几乎都是单一景别，那么这条新闻也不能算是合格产品。编辑要统计记者出镜采访有几次成功的问答，有没有出现、出现了几次“哑巴”式的问答。记者出镜采访不是多多益善，不能用出镜采访的简单方式替代对新闻现场的拍摄。出现采访“哑巴”画面，表明前期采访质量不高，或是提问质量不高，或是没拍到有价值的新闻画面。此时，是增加资料弥补不足，还是通过剪辑修补瑕疵，抑或干脆撤下这条新闻，编辑要敢于决断。

3. 屏幕文字

屏幕文字出现差错的概率比较高。编辑要特别注意防止并消除以下差错。

（1）文字标注的人名和画面中的人物不符 —— 或是发生了错位，或是一开始就弄错了；

（2）文字标注的人名和画面中的人物虽然相符，但是姓名被写错了（多数是名字中的一个字错了）；

（3）注释性的文字内容和画面没有关系；

（4）屏幕文字出现了原则性错误，譬如把台湾同胞写成了高山族同胞；

（5）屏幕文字出现了错别字；

（6）编辑添加的文字没有问题，但是画内文字有不宜播出的内容。

屏幕文字的字形、字色、字体大小、文字的行进方式、文字在屏幕上停留的时间，以及屏幕上几行文字之间的位置关系是否合理，也都是需要编辑具体把关的内容。

4. 声画关系

无论谁做编辑，都要把声画关系作为处理的重点。一条电视新闻以及一组电视新闻的播出效果不仅取决于所播出的新闻自身的内容，还取决于声画关系的处理及多种符号的和谐展示。

声画关系处理得好，则可以在具体新闻报道中形成声画共振效应，否则可能引发互消效应。前者可以收到整体符号结构的传播效果大于单类传播符号效果相加的功效；后者导致整体符号结构的传播效果小于单类符号传播效果之和，甚至小于其中某一类符号的传播效果。

此外，声画角色关系也需要编辑精心处理。具体到一条新闻中，并非声音和画面都要同时充当主体角色。对主体传播符号的选择要根据具体的报道内容，灵活选择声画主体结构。需要以画面为主的，就应该充分发挥画面的证实功能；画面表现有欠缺，或者本来就没有拍到理想的画面，应该让声音语言担当主体。

第二节 全媒体融合背景下电视新闻编辑的挑战

随着媒体技术的不断进步，传媒业竞争的加剧，全媒体融合是未来新闻传媒发展的趋势。单一的媒体内容的制作、生产和传播将走向多个媒体互动整合甚至融合。全媒体融合，是一种实现广播、电视互联网优势整合，并促使其互为利用，全面提升其功能价值、手段的新型运作模式。“全媒体融合”时代的到来，传统的编辑思维和职能发挥难以适应未来传媒业发展的要求，使电视新编辑面临着前所未有的挑战。

一、电视新闻编辑生态环境发生变化

所谓“新闻编辑生态环境”，是指由政策、资源、技术和竞争等环境构成的，大众传媒机构生存和发展的环境。在全媒体融合背景下，电视新闻编辑的生态环境发生了一系列变化。

（一）媒体符号和技术手段的多元化

在媒体相互分离的状态下，新闻和信息的生产、传播符号都是相对单一的。报纸媒体的媒介符号主要为文字和图片，广播电视媒体主要由音频和视频来展现，而网络可以集纳文字、图片、音频和视频，因而目前的媒体融合现状是传统媒体多和网络媒体互动，借助网络媒体的传播平台和信息集纳能力，扩展传统媒体的信息发布、传播平台和受众的互动空间。在传统媒体和网络媒体的互动状态中，传统媒体相对单一的信息呈现形态会受到冲击，编辑工作不再是只专一于一种媒介符号和信息制作就可以胜任，而是要考虑如何多样地使用媒介符号，根据不同媒介形态的特点来选取策划方式、采访手段和信息的最后整合与编制。

（二）传播者本位向受众本位的转变

网络技术使广大网络用户的集体智能和力量得以爆发并有可能主导新闻传播的走向。受众的参与冲击了原有的被动的“受众”观，甚至在一定程度上改变了原有的传播途径。传统媒体环境下，电视新闻编辑最重要的权力是信息控制权，他们有权决定什么是新闻，这体现了大众传播媒介的议程设置功能。而全媒体融合背景下，被新技术武装起来的“受众”能够成为信息的生产者，并能自由地表达自己的思想观点，他们不仅具有原创能力，也具有自主权。传播者本位转向受众本位，不仅受众的反馈和互动需要在信息的传播过程中有效实现，而且受众也可能被纳入信息生产和制作的过程之中。①

二、电视新闻编辑工作方式的变化

电视新闻编辑工作方式面临的改变主要包括两方面：一方面是传统的编辑流程再造转型为编辑流程一体化；另一方面是新闻编辑由传统的幕后工作式转化为互动式。

（一）电视新闻编辑流程的变化

传统的电视新闻生产流程具有纵向一体化的特点，通常是采、编、播三个环节一体化。但随着全媒体融合程度的加深，原有的传统的编辑流程无法适应媒体融合的信息生产状态。全媒体融合背景下的编辑流程需要全面一体化，改变各种

① 谭云明．电视新闻编辑学［M］．武汉：华中科技大学出版社，2016.

媒体单一制作信息内容、缺少协同的状态，最终实现在同一平台上完成对用户的即时互动和提供多媒体的信息服务。

编辑流程的一体化会给采编队伍的组织、总体报道策划，信息的采集、加工、制作、完成，最终的媒介产品发布和效果监控等各个环节都带来挑战。全媒体融合背景下的生产流程除继续向纵向一体化延伸外，还在媒体及其表现形式、表达方式和手段的选择与使用上向横向一体化延伸。

（二）电视新闻编辑方式的变化

传统电视新闻编辑的工作方式主要是与记者互动，在幕后对新闻报道进行策划、加工和设计。这样的工作方式不要求与受众直接交流和互动。而今天，新媒体开创了互动式数字媒体的时代，以技术融合为主要特征的媒体融合则进一步将新闻传播的阵地简便化，传统媒体也纷纷借助新媒体手段企图守住阵地。互动式数字媒体的时代背景要求新闻编辑工作从幕后转向台前，成为公共论坛的主持人，具备采、编、播、控等多种业务能力，尤其是对公共论坛互动的控制能力，以及通过公共论坛收集数据分析受众需求的能力。然而，目前一些电视新闻编辑还不能适应这样的角色，当受众评论偏离预设方向或传播偏离预定轨道时，电视新闻编辑常常不知如何与受众互动。为了适应这样的转变，互动式的编辑理念需要在编辑工作中得到充分体现，为受众提供最便捷和全面的信息寻求方式，提供多样的信息内容，在编辑环节纳入受众参与。

第三节　全媒体融合背景下电视新闻编辑的转型对策

针对上一节提到的新闻编辑面临的种种挑战，新闻编辑该如何应对呢？如何才能在全媒体融合背景下保持电视新闻编辑的核心竞争力而成功转型呢？可以从以下几个方面进行考虑。

一、转变电视新闻编辑的受众意识

传统媒体构建的是一种单向式的传播模式，受众只能被动地接受新闻编辑传递出来的信息，没有反馈的渠道，使得电视新闻编辑往往忽视受众的意识。新媒体的兴起为受众提供了表达思想的平台，单向式的传播模式逐渐被打破，受众在接受信息的同时还能够成为信息的生产者和发布者。面对全方位的受众，转变电视新闻编辑的受众意识，接受受众的参与，重视受众的参与，与受众形成一种共同体验的和谐氛围，以便编辑工作的开展。[①]

二、转换电视新闻编辑的角色定位

在传统的新闻界里，电视新闻编辑似乎总是一个隐藏在媒体身后的角色，但随着全媒体融合时代的到来，电视新闻编辑已不仅仅局限于做好幕后英雄，除了要编辑好文稿，编辑好视频、音频之外，还需要由幕后走向台前，在前线坐镇指挥，这也意味着新闻编辑的职能正在不断延伸，新闻编辑应适时调整自己的角色定位。

三、转变新闻编辑人才的培养模式

全媒体融合背景下，传统的电视新闻编辑人才已不能适应现有的发展模式，“三跨”人才即跨学科知识、跨媒体技能、跨文化思维的人才，目前已逐渐成为电视新闻业的宠儿。[②]

（一）电视新闻编辑人员内在素养要求

1. 知识储备

在全媒体融合背景下，新闻来源复杂多样，涉及知识面广泛，单单具备专业知识远远不能胜任当今时代的电视新闻编辑工作。因此，相关工作人员除了加强专业知识方面的学习之外，还应注重丰富自己的人生经验，储备其他各类知识，如交叉学科、边缘学科的知识，争取成为一个复合型人才。当一个人在真实世界拥有的体验越广阔，他在欣赏与分析信息时拥有的基石就越牢固，才能在新闻解析、整合的深度上下功夫。

2. 坚守新闻专业主义精神

全媒体融合时代，新闻来源多样、复杂，报道失实的发生，往往与新闻编辑过于迎合受众需求有关，进一步说，就是与其新闻专业主义精神的丧失有关。由

① 谭云明．电视新闻编辑学 [M]．武汉：华中科技大学出版社，2016.

② 朱志，徐嵬毅，梁蕊．媒介融合背景下新闻编辑转型研究 [J]．记者观察，2018（05）：56.

于电视新闻编辑对受众知晓权的维护和推动社会发展具有不可推卸的责任，因此，全媒体融合时代，媒体产业工作者更加强调的是对新闻专业主义精神的坚守。

（二）新型编辑人才的培养

如何培养“三跨”人才，可以从以下几方面努力：对于教师而言，需要具有复合型知识结构，完成知识体系的重建和媒体技术的融合；对于课程设置而言，要立足“宽口径，厚基础”要求，合理安排新闻传播专业知识教育，如人文、社会和自然学科知识教育，职业素质与职业道德教育等，课程则应包括传播学概论、自然科学基础等；对于实践环节而言，可以将新闻课堂和电视台采编部门教授办公室整合在一起，使学生们直接投身于真正的媒体生产当中。

第四节 当代电视新闻编辑的素养与互联网思维

随着电视新闻产业的不断进步，市场对电视新闻编辑的素养也有了全新的要求，其具体内容既包括一般的身心素养要求、职业素养要求和业务素养要求，还包括互联网时代下独特的互联网思维要求。

一、当代电视新闻编辑的素养

（一）当代电视编辑的身心素养

1. 体魄

电视新闻采访不仅是高智能主导下的信息产品生产环节，也是需要有强壮的体能参与的劳动过程。电视新闻采访需要负重、追随、对抗，有时还需要长时间蹲守。因此，电视新闻记者、摄像乃至编导都需要有健康的体魄，以便在较长的工作时间内保持饱满的工作热情和良好的精神状态。

2. 好奇心

好奇心是新闻敏感的人格基础。电视新闻编辑、记者应该是触角最敏锐、反应最快、眼界最宽阔的人。一名优秀的电视新闻记者应该永远不失好奇之心，永远保持对身边的一切饶有兴趣的心态。如果有一天对周边发生的一切都不再有新鲜感，也就预示着其记者的职业生涯行将结束。

3. 敬业精神

敬业精神并非因一时、一事迸发出的热情，而是在追求理想、完善人格的进程中陶冶的人格倾向，是在对本职工作深刻了解和诚心喜爱的基础上形成的热情、活力和责任感，其行为特征是主动、积极、执着和进取，因而它是各行各业从业者能够取得事业成功的必备条件。电视新闻工作者，因为经常面对复杂多变的形势，所以更需要有良好的敬业精神。

敬业首先必须爱业，只有爱业才能以饱满的热情投入工作。著名报人邹韬奋曾经说过："我深信无论什么事业，非干到'痴'的程度，决干不好。"爱业还表现为高度的责任感和使命感。电视新闻事业的意义在于记录时代风云，为后人留下关于今天的真实资料；在于作为人民大众的代言人和真理、正义的守护神；在于能够满足观众的需求，促进民生的幸福和社会的进步。正是这样的责任感和使命感，支持着电视新闻采编人员在新闻实践中勉力前行。2008 年 5 月 12 日 14 时 28 分，汶川地震发生后 17 分钟，新华社向全世界发出第一条英文快讯；15 时，中央电视台一条关于汶川地震的口播新闻传遍全国。随后《绵阳晚报》的总编辑助理刘文定带领记者挺进北川。临出发前，妻子哭着对他说"要死一起死"，并坐在车里不下来。但刘文定却说，"你哭也没有用，我做的是媒体，这是记者的天职！如果我们离重灾区最近的媒体都没有在第一时间里报道，以后我们还咋办报？今天我就是翻山越岭，也要走到北川！"《绵阳晚报》成为第一个进入北川的新闻媒体，北川的灾情得以迅速传出。那张感动无数国人的"敬礼娃娃"照片就是出自刘文定带队的摄影记者之手。

4. 求实

新闻的生命在于真实。一个记者必须坚守实事求是的思想路线，用求实的心态和行动捍卫新闻的尊严。

2008 年 8 月，《瞭望东方周刊》记者孙春龙在网上看到了山西溃坝事故后，职业的敏感告诉他事情绝不那么简单，"当时山西报的死亡人数是 9 个，太接近 10 这个坎儿了，很可疑。10 个以上就属于重大安全事故。"于是，他乔装成工地的工人，只身前往山西。为了不引起注意，他没敢住宾馆，而是在建筑工地上和一名装修工人一起住了两天，终于了解了事故的真相。随后，孙春龙把所有银行卡的密码都告诉了妻子，嘱托几个知己朋友日后帮忙照顾妻儿，处理完手头上的一些事务，果断向媒体发出了稿件，将山西溃坝这起“自然灾害”导致的“重大责任事故”的真相曝光于天下。

5. 坚韧

坚韧是百折不回、不达目的不罢休的心理品质。电视新闻工作者经常需要携带笨重的采访设备，紧张地工作在水火灾害、地震事故的一线，穿行于瘟疫、疾病流行的区域，坚守在蹲点守候的采访现场，甚至要走街串巷、上山下乡，去发掘新闻。因此，必须具有坚韧的毅力，不仅艰难的自然条件要求电视新闻工作者必须有坚韧的毅力，在面对某些特殊的社会条件时，要完成采访报道的任务，更需要有百折不挠的坚韧毅力。例如，在调查性报道和舆论监督类的报道中，采访的阻力往往来自四面八方，记者经常会遇到各种刁难和威胁，有时还要面对被收买的圈套，如果没有坚忍不拔的意志品质，一些采访活动就很难如期进行下去。

（二）当代电视编辑的职业素养

1. 政治素养

尽管电视新闻媒体的公共属性已经有了很大的增强，但是当代电视新闻事业的意识形态色彩依然十分鲜明，仍然反映着一定阶级、集团的意志，并继续充当着维护一定阶级、集团利益的工具。不仅我国当代的电视新闻事业是这样，以商业媒体著称的美国电视业也是这样，对此要有清醒的认识。

（1）坚持正确的政治方向

社会主义新闻事业必须始终坚持社会主义方向，坚持新闻工作的党性原则，积极、忠实地宣传党的政治主张，确保舆论导向正确。一切从事电视新闻工作的人员都必须有这样的使命感：他的全部工作都是为了宣传党的路线、方针、政策，为了宣传党的政治主张。在工作的全部过程中，想党所想，满腔热情地为之呐喊、战斗。

忠实地宣传党的政治主张就是要求从业人员在新闻工作中自始至终有坚定正确的政治立场和政治方向，不为一时表面现象所困扰，不为一时的风云变幻所迷惑，更不因尖锐的对峙状况而退却，以致口是心非，或是敷衍塞责，甚至使舆论导向偏离轨道，或是发生逆转。

（2）具备大局意识

大局就是全局，大局意识就是宏观意识，这是每一个新闻工作者应该具备的政治素质。

一般来说，对新闻媒体及其工作人员强调大局意识要比其他机关及其人员显得更为必要。因为新闻媒体在国家政治、经济、文化、社会生活中具有特殊的性质和地位，比其他行业机关更容易激起社会反响与轰动效应。这种令媒体自豪的“影响力”同时也赋予了它更多的社会责任。事实上，不论在哪个国家，新闻报道都要受国家利益和社会责任的约束，例如2001年美国“9·11恐怖袭击事件”发生后，美国政府就以“国家利益的原则”，明令禁止媒体播发事件惨状，以防造成人心不稳定。当前，我国正处在社会转型期，社会矛盾多，重大事件多，新闻工作者更应冷静把关，从大局出发开展新闻报道工作。

在新闻媒体的职业理念日益受到商业逻辑侵蚀的今天，提倡记者要有大局意识显得尤为重要。大局意识使记者能够辩证地把握新闻报道的时效性和时宜性，具备敏锐的辨别力和洞察力。那种为了争夺收视率，吸引观众眼球，面对突发事件一味抢新闻，以致有些数字和细节失实，造成负面影响，或者把过分报道负面消息，反映血腥、恐怖作为新闻竞争的手段等都是缺乏大局意识的表现，长此以往，这种短期的、局部利益的追求，必将损害电视媒体赖以生存的公信力。

（3）具备一定的政治理论水平

批判的武器不能代替武器的批判。电视新闻记者面对的是纷繁复杂的社会现象，要客观真实、全面深入地做好新闻报道，仅有正确的立场方向和大局意识是不够的，记者还必须坚持政治理论学习，掌握马列主义、毛泽东思想、邓小平理论、“三个代表”重要思想及党的方针政策，深入实际，了解报道区域内的实际情况，做到能够用上述思想武器，高屋建瓴、鞭辟入里地开展新闻报道工作，达到以科学的理论武装人、以正确的舆论引导人、以高尚的精神塑造人、以优秀的作品鼓舞人的目的。

总之，新闻媒体不是政治机关，记者也不是政治家，但也必须具有政治家的素质和修养。《人民日报》副总编辑梁衡曾说过这样一段话：当你有了“政治”这个望远镜和显微镜后，就能于平静中入地三尺，挖出大新闻。而当你遇到很刺激的材料诱惑时，又能顾全大局，取舍自如。不因平静无事而急躁，不因可出风头而动心，盯着大事要事挖掘规律、本质，以天下、社会为己任，以好稿、精品为目标，手中的笔犀利而又谨慎，稿件既能在当时引起反响，事后又能在历史上留存。像这样的记者，其政治修养才算是成熟了。[①] 这对于电视新闻工作者是同样适用的。

① 金双燕，连占海，周小月．从突发事件报道看记者的政治素质[J]．新闻传播，2003（02）：56.

2. 职业道德素养

道德是用来调整人与人之间、人与组织之间、组织与组织之间关系的行为规范的总和。道德属于上层建筑和社会意识形态，由经济关系所决定，用善恶标准去评价，依靠社会舆论、传统风俗和内心信念来建立和维系。电视新闻的道德素养是电视新闻编辑、记者根据职业道德的原则和规范，不断进行自我教育、自我学习、自我锻炼而达到的自我约束能力，是帮助电视新闻编辑正确处理与社会、采访对象、消息来源、观众和同行关系的一系列行为规范和准则。

（1）处理好与采访对象的关系

电视新闻编辑和采访对象的关系要围绕着“新闻事实”加以构建。

①合作关系

没有采访对象的配合，电视新闻采访就难以进行，报道更无从谈起。编辑与采访对象的合作关系有三种情况：一是密切合作，正面报道对采访对象有利的事实，采访对象会积极地与编辑合作，甚至声情并茂地主动向编辑介绍事实；二是有限合作，被采访者和事实无利害关系，对编辑采访持无所谓态度，既不积极也不拒绝，对这类对象记者要善于追问、抓拍；三是不合作，舆论监督对象、被调查者、不愿管闲事的人，通常都对采访持不合作态度。

②斗争关系

有偿新闻的实质是借新闻报道之机以权谋私。采访对象为了达到宣传自己，扩大知名度，或者掩盖自身的问题不为公众知晓的目的，采用各种各样的方式收买贿赂编辑，目的在于“激励”编辑进行有利于自己的报道。在编辑一方，由于拜金主义和享乐主义的腐蚀，有些编辑见钱就收，见利益就沾，有的甚至到了没有钱就不去采访报道的地步。结果“吃人家的嘴软，拿人家的手短”，导致当前中国新闻界出现了令人憎恶的有偿新闻现象，如“出钱就报道，不好也说好”“大钱大报道，小钱小报道，无钱不报道”。

③责任关系

责任关系有两种情形：一是国家机关和公职人员有责任和义务接受电视媒体采访；二是媒体有责任保护采访对象的人格权和其他权利不因接受采访而受到侵害。此外，正确处理与采访对象的关系还需摆正位置和心态。无论采访对象是何种身份，电视新闻编辑都只应以普通人的地位和平常的心态面对采访对象，从而使自己的报道尽可能地公正客观。电视新闻编辑并非政府执法人员，无权对采访对象指手画脚甚至训斥，相反，采访对象有权拒绝采访。电视新闻编辑不能因受到冷遇而失去冷静，编辑应该清楚，新闻工作者与采访对象之间也是一种自由的、非强制性的关系，要学会承受无人理睬时的寂寞。当采访对象需要帮助时，电视新闻编辑应该以普通人的身份伸出援手，而不能以一副编辑的职业面孔冷眼旁观。

（2）处理好和观众的关系

观众是新闻传播的目标指向，是传播活动的归宿。正确处理与观众的关系，关键是处理好新闻的宣传性与服务性的关系。

电视新闻承担着舆论引导的重大使命，在指导思想上，编辑既要视观众为“上帝”，又应该比观众站得高一点，看得远一点，敢于批评观众中的不良倾向，善于积极地说服观众，引导他们奔赴主流意识形态设计的既定目标。为此，一味地迎合受众的倾向是不可取的。

服务性是赢得观众的基础。服务性强，才会有理想的收视率，宣传和引导的设计目标才能够实现。为了提高服务性，首先要清除“布衣宰相、无冕之王”的旧的新闻人观念，树立“代理人”的意识，代表观众到现场去采访调查，然后把事情的真相告诉观众；其次要在此基础上积极研究观众所需要的新闻内容，并努力满足观众的实际需要；最后应该选择观众喜闻乐见的形式报道新闻。

（3）处理好与同事的关系

首先，电视新闻需要记者、摄像师、编辑、播音员、导播及其他工程技术人员在各自的岗位上恪尽职守，勤勉努力，才能顺利制作并播出。任何一个环节出现差错，整个新闻传播过程将难以为继。正确处理与同事的关系，首先要放下自己的架子，尊重他人的劳动。其次，团队人员要彼此增进了解，相互关怀，以形成平等、友爱、互助的氛围，争取达到心领神会的合作境界。最后，编辑、主持人尤其要在团队中采取主动，格外尊重团队中的其他成员，在工作中起表率作用。

（三）当代电视编辑的业务素养

我国当代电视新闻传播呈现出多样化、立体化、网络化的趋势。传统媒体与新媒体既各自独立发展，又渐渐交叉融合，形成了新闻的多渠道流动、多媒体报道、网络化发布全方位覆盖的新格局。这一变局要求编辑不仅要能够提供文字和图片，还要能够提供录音和视频；不但能写稿，还要能拍摄、录音、编视频，成为“全媒体编辑”，这就对职业新闻编辑的业务能力提出了新的、更高的要求。

1. 坚实而系统的新闻学理论知识

电视新闻编辑一定要有良好的理论素养，精通媒体政策和宣传工作规律与规范，通晓相关的专业理论，以之作为政治鉴别力和洞察力的基础，以保证在任何时候、任何情况下都能够及时、准确地做出判断，并采取妥当的处置措施。电视新闻编辑还必须掌握扎实的新闻学与传播学理论，对马克思主义新闻观、舆论引导、议程设置、框架设计及电视新闻理论有深刻的认识。

2. 精深而实用的电视新闻采编能力

（1）发现能力

发现能力以新闻敏感为基础，是电视新闻编辑发现和辨别新闻价值的能力，也是电视新闻编辑业务水平的具体表现。新闻竞争从新闻发现开始，发现新闻，才能报道新闻。

没有发现新闻，或自以为发现了新闻但是播报之后不能引起反响，都可能是由于对新闻的敏感能力较弱。新闻敏感能力主要是后天培养的。从根本上说，新闻敏感就是以旧事实作为背景来寻找新事实的能力。新与旧相对而言，不知道哪些事实是早已发生过的或者是司空见惯的，就无法映衬比照出哪些事实是新鲜的、反常的，也就难以判断何为新闻，何为旧闻。因此，要培养过人的新闻敏感，电视新闻编辑必须扩大自己关于旧事实的背景资源。这些关于“旧事实的背景”，其实就是知识。没有足够的知识积累当然就不能通过新旧对比获得更多的发现。不善于发现新闻还有另外一个可能的原因——新闻源不足，没有独家线索，没有报料大军，不能在第一时间找到当事人的电话，发现新闻的能力当然不足。为改变这种被动局面，电视新闻编辑必须在平时做足功课，就是要做生活的有心人，多观察，多积累，然后多思索，炼就捕捉新闻事实的“火眼金睛”。

（2）画面思维能力

一条新闻的优劣成败，很大程度取决于它是否有独具魅力的画面，而这种画面的获得往往又取决于电视新闻编辑的画面思维能力。画面思维能力是电视新闻编辑表达能力的基础，是对客观事物直接反映和概括反映的能力。所谓“直接反映”，是指新闻编辑对事态现场的直接观照、判断和选择；所谓“概括反映”，是指新闻编辑具象观照的归纳与浓缩，是画面趣味的本质显现。画面思维以“画面”为依托而展开，一般意义上的思维则以“词”为依托而展开。画面思维的基本特征表现为综合性、现场性、概括性和跳跃性。加强画面思维能力培养，强化镜头意识，是提高电视新闻从业人员素质的重要手段。

有些电视新闻不受欢迎，重要的原因之一就是编辑在新闻现场不是自觉地进行“画面思维”，而是习惯性地运用文字采访的思维方式指导拍摄，为了印证文字稿而寻找画面。这种寻找是在“词”的概念诱导下进行的，往往忽略新闻现场的动人细节和现场灵感的诱发与保持。[①] 因此，电视新闻编辑必须提高画面思维能力。

（3）图像采编能力

在当代数字技术的推动下，不仅采、编、播一体化的趋势日益加快，仅仅从保证采写编播各环节的有机性考虑，记者和编辑都应该具备新闻图像的采集、编制能力。

首先就摄像而言，略懂摄影的人或学艺不精的人做新闻摄像采访，仅能按一般的构图理论拍些画面，由于缺乏系统的新闻理论知识，很难抓住或建构有典型新闻意义的镜头，因为他缺乏由系统知识而形成的新闻敏感。系统的专业知识是从事专业活动的基础，一技之长仅能支撑某些场面，有志向献身于电视新闻事业的人，一定要具备系统的新闻学理论知识。

（4）侵权规避能力

在实施舆论监督的过程中，一些编辑的精英意识、权力意识、无冕皇帝的意识得到了强化，加上人文关怀欠缺、技术手段的限制，往往导致新闻报道中的侵权案件上升，并由此造成媒体公信力下降。

新闻侵权主要有六种类型：

一是新闻报道内容失实，这是最主要的新闻侵权类型。

二是新闻报道评论不当，包括在语言上使用了侮辱、谩骂或其他具有人身攻击性的言词；随意评论，造成对他人社会评价的贬损。

三是未经核实转载其他媒体的报道，事后发现报道的内容不实。

四是在报道中采用与报道内容无关的照片，或者未经同意采用照片，构成侵权。

五是过实报道或暴露他人隐私导致侵权。

六是褒扬性的新闻报道中含有不实的或过于夸大的溢美之词，不但未必能抬高当事人的声誉，反倒可能引起舆论的非议，给当事人造成精神痛苦，也会导致侵权。

新闻侵权预防、规避和应对的能力也是一种重要的采编能力。预防新闻侵权，

① 黄匡宇．浅论电视记者的画面思维［J］．暨南学报，1994（4）：133—138.

就要加倍尊重他人的权利，加强自我约束，提高新闻职业道德素养，锤炼严谨的采编作风，并善于多方查证新闻事实，坚持重大新闻稿件送审制度。

发生了新闻侵权纠纷，要及早听取专业人士意见，迅速停止侵害并更正失实报道。对失实报道所造成的影响要及时道歉，并应与争议对方寻求和解。诉讼无法避免时应选择有专业经验的优秀律师出庭支持诉讼，并善于利用归责、免责条款维护自身和媒体的权益。

二、当代电视新闻的互联网思维

互联网思维是指互联网技术衍生出许多新媒体后，这些新媒体使得信息传播产生了新的方式和途径，对传统媒体固有的新闻传播方式造成了很大的冲击，传统媒体开始形成以依托互联网技术整合新闻资源的思维模式，以实现传统媒体和新媒体媒介资源大融合。①

电视新闻编辑在新闻产品的生产、传播过程中占有主导、核心地位，是实现媒体变革的主力军，电视新闻编辑互联网思维的培养非常重要，他们是媒体新的运作模式、新的新闻理念、新的编辑部文化、新的思维方式、新的经营模式的重要践行者。电视新闻编辑自身要主动培养互联网思维，推动传统媒体与新媒体的媒介资源融合，适应媒介发展的新环境。

（一）加强对数字技术能力的运用

互联网和新传播技术带来了“大数据”时代，数字技术使得新媒体传播速度更加迅猛，传播范围更加广泛，传播互动性更强。为应对互联网技术的高速发展，新媒体时代的新闻编辑除了需要具备传统新闻采编的能力以外，还需要进行数字技术培训，具备数字技术运用能力。

电视新闻编辑的数字技术运用能力应被运用于新闻传播的过程中。新闻编辑应着眼于打造快捷的网络平台，优化传统的新闻生产流程。一旦出现突发性新闻，电视新闻记者通过简便快捷的网络平台将采集的新闻以最快的速度传送给受众。电视新闻编辑打造的这种基于移动网络的新闻生产方式，可以做到随时随地报道新闻，使新闻变得更新鲜。这种利用移动设备将新闻发送到移动平台的新闻报道方式被称为“移动新闻”。BBC 打造的 Quickfile 新闻信息平台，就是电视新闻

① 虞国芳．谈西方电视的互联网思维——基于 CNN 和 BBC 全媒体转型的观察思考 [J]. 电视研究，2014（12）：35—38.

编辑利用数字技术所打造的这样一个移动网络平台，已经屡次在突发性新闻的报道中抢占新闻时效制高点。

同时，电视新闻编辑的数字技术运用能力包括对网络大数据的梳理分析能力。电视新闻编辑借用新媒体平台把新闻第一时间传送给用户以后，电视新闻编辑还可以通过分析网页、手机、社交媒体和视频网站等平台的用户数据，通过用户数据分析工具的数据预测，不断调整报道内容。在新闻日趋碎片化、扁平化、同一化的今天，通过分析用户喜好确定的新闻传播内容更容易被受众接受，达到更好的传播效果，产生更广的影响力。

（二）注重跨平台合作，扩大媒体影响力

社交类媒体应用的高速发展拓宽了新闻资讯的传播渠道，在移动互联网的技术支持下，新闻报道方式和编辑思路需要与社会化媒体相接轨，以加速自己的社交化进程，实现渗透式传播，保证新闻资讯在社会化媒体上的广泛传播。

电视新闻编辑首先要重视社交类媒体资源，自身对社交类媒体有深入的了解并能够熟练使用。BBC 很早就关注社交媒体的使用，甚至还推出过自己的社交媒体平台，但未能成功。于是，BBC 鼓励自己的记者编辑运用社交媒体，开发社交媒体，并为内部员工每人配备了一台苹果手机，要求每一个记者和编辑都要有自己的微博账号，学会使用 Twitter 和 Facebook。

著名的 CNN 也已经屡次与社交类媒体合作，成功地生产新闻产品，扩大自身影响力。多个成功的案例表明，媒体资源的融合给传统媒体和新媒体带来的是双赢的局面。国内也有很多影响力广泛的社交类媒体，如腾讯公司开发的社交软件 QQ、微信，新浪旗下的新浪微博等，电视新闻编辑要重视这些社交类媒体应用，在生产新闻产品的过程中主动恰当地寻求与这些社交类媒体平台的合作。

第五节 传统电视新闻栏目策划与节目编排

一、传统电视新闻栏目的策划

大众文化研究理论家雷蒙·威廉斯认为："核心的电视体验是流动的事实。"[①] 观众在收看电视时所体验的流动感正是电视节目编排和串播的结果。为了争夺受众的注意力资源，让受众锁定频道，电视节目的编排必然会采取一定的策略，以频道传播效率最优化的原则来组织频道的栏目和节目，打造品牌栏目并以此为中心，带动整个频道的发展。随着电视频道的增多，专业频道需要考虑更深入、更细化的节目编排。央视新闻频道自成立十几年来，栏目及节目类型不断发展充实，节目播出时间更具有针对性，其栏目编排时间的合理设置对于频道及节目的受欢迎程度起到重要作用。

（一）栏目时间的合理化设置

栏目的确切时间对吸引观众起着重要的作用，对于固定收视群来说，栏目首播和重播时间的固定非常重要。什么时候首播，什么时候重播，重播的概率是多少，这些都是让观众形成"约会意识"的关键所在。因此，栏目要调查和研究核心收视群的收视习惯和生活习惯，以便合理安排节目的首播时段、重播时段和重播频次。为充分有效地利用节目资源，扩大栏目或节目的影响力，目前央视新闻频道在节目编排上已经做到全天候垂直滚动播出。根据目标观众群在一定时间内可能遇到的重播节目的精确概率进行节目循环式编排设置，遇到重大新闻，在每个整点播报中及时播报或跟进最新消息，以确保大多数观众都能收看到节目，这一方法也减少了节目资源的浪费。

对于专业化频道中的栏目来说，最重要的不是收视率，而是核心观众的满意度，是忠诚度很高的观众对于栏目的满意度有多高。对于新闻栏目来说，最重要的是观众对栏目的关注程度，即日常该栏目是观众的主要新闻来源，以及信任程度，即观众对该栏目的新闻报道与解读能够理解及认同。除了整点新闻以及早、

① 王逢振．电视与权力［M］．天津：天津社会科学院出版社，2000.

午、晚间新闻消息外，还包括新闻评论、新闻调查或热点分析等，观众借助这些对新闻事件进行深度分析或者梳理，通过事件表象了解其内在纵横交错的关系。当人们通过其他媒体知晓事件后，如果能够养成通过观看电视栏目对事件的看法或分析来理解该事件的习惯，则对于观众来说，该栏目已经不仅仅是事件的通知，更是生活中不可缺少的认清事实的引导者。因此，关注度和忠诚度成为专业化频道中衡量栏目成功与否的重要指标。新闻栏目编排的优化必须服务于频道的整体化，栏目编排不能条块分割自我为政，而应该从频道的整体结构出发，合理编排，实现频道必要而且自然的“流动”。这不仅意味着全天节目播出的流畅，而且意味着一个礼拜或者重要事件的发生所引发的节目安排也要自然顺畅。因此，栏目必须考虑层次和节奏，实现深层次栏目与浅层次栏目的优化组合，既能够突出品牌或重点栏目，又能兼顾一般栏目，使整个频道的节目播出张弛得当、错落有致。重要事件发生时可以打破栏目界限，利用品牌节目的影响力将观众牢牢吸引住。

一个频道不可能所有的节目都是品牌节目，因此要采取“吊床式策略”，即将影响力相对较弱的节目安排在两档收视较强的节目中间，以拉抬中间这档较弱的节目的收视率，其情形类似吊床，两头高中间低。研究收视率的时候，有时会遇到一个非常奇怪的现象，同样一个栏目或节目，突然间收视率会提高很多，究其原因，有时不是由于节目自身的变化，而是由于它的前面或后面有一个特别重要的、引起观众关注的节目，如重大事件的直播、重要的晚会或重点栏目推出的特别节目等。这些节目带动了上下节目收视率的提升，增强了整个频道影响力。一般而言，中间的这类节目都在观众可以忍耐的时间范围内，不会因为节目时长过长而换台，因而带动提高了节目的收视效果，吊床编排效应良好。目前，央视新闻频道的节目编排采用的便是栏目化板块设置，在适当的版块之间恰当地应用吊床编排。

在频道定位和栏目布局上，央视新闻频道既突出频道特点，又要实行节目编排系统化、一体化；在节目安排上，黄金时间安排优秀栏目或有频道特点的主打栏目，星期六和星期日安排具有醒目特色的栏目；在节目时段的设置上，则将时间分为早晨时段、上午时段、午间时段、下午时段、傍晚时段、黄金时段和夜间时段的板块化时段设置，针对不同板块的观众实施具体安排；在编排方式上，多采用捆绑式的横向打通、纵向连贯、播出时间相对固定、对位重播、周末节目精品化等编排方法。

例如，央视新闻频道采取的策略正是主打品牌栏目的设置，并且每个整点时间都有新闻的直播，晚间时刻安排重点节目，而且利用其他时间段重播重点节目，既保证了新闻的时效性，又突出了频道的新闻深度。

（二）开拓新的黄金时段，培养观众收视习惯

根据观众调查结果制订电视节目的编排方案时，一方面，要考虑现有观众的收视习惯和爱好，在栏目设置和节目编排上适应或迎合其固有的收视心理，增加节目的针对性；另一方面，要注重培养和引导观众形成新的收视习惯，增设新的收视点，开拓新的收视群体，进而提高节目的竞争实力。

最明显的例子是CCTV（中央电视台）的《新闻联播》。自1979年以来《新闻联播》始终在19:00播出，使观众形成条件反射，一到每天的19:00就想到这个栏目，形成和“生物钟”一般的心理感应与行为方式。习惯性收看是由于某个频道整体风格或节目内容与观众欣赏品位相吻合而形成的收视定式，在栏目时间的编排上要以其稳定性来满足观众的收视需求。收视习惯的养成非一日之功，但只要产生惯性，就不会轻易改变。一般而言，一个栏目或时段的培育需要一年或者更长的时间。习惯的养成需要切合观众的需求，最初的早间新闻是1993年中央电视台的《东方时空》的播出，但这次推出早间新闻并不容易，因为人们早上起来正是忙碌的时期，人们习惯于早晨起来听广播，因为听广播并不会占用大家吃早饭或工作上班、上学准备的时间。《东方时空》最初是杂志型版块类节目，节目节奏与人们早间忙碌的状态并不符合。因此，其后早间时段节目一再改版，终于成功地开发并稳定下来——“短平快”的《早间新闻》代替《读报时间》，成为目前各大电视台早间新闻的常态。

午间新闻时段的开发也是如此。人们中午看新闻的习惯正是由中央电视台的《新闻30分》养成的。目前午间新闻时间与早间新闻时间一样，已经形成固定的播出时间，培养了稳定的收视群体。并且午间新闻时间已经扩大成为各个频道的固定新闻时间，比如二套经济频道的午间财经新闻、四套海外华人频道的全球直播，以及央视新闻频道由三十分钟扩大至一个小时的新闻时间，都是充分利用并扩大了午间新闻时间的影响力。一个优秀的节目编排人员，不仅对栏目时间点的把握有数，也需要对自己单位所制作的节目心中有数。对于节目编排来说，时段与内容同等重要。在编排中要充分考虑将节目资源和市场资源结合起来，扬长避短，优化组合，针对节目所设定的目标观众群，固定播出时段，培育固定观众形成良好的收视习惯，开发潜在的观众群。

黄金时段一般指19:00—22:00这个时间段，但是随着专业化频道的增多，

不同的专业化频道其黄金时间段并不一致。由于作息时间、兴趣爱好等的不同，不同的观众有不同的黄金时段。对于电视台而言，要把非黄金时段变为黄金时段，关键在于是否在这些时段里安排了适合这些观众作息时间、收视习惯和兴趣爱好的节目。一般来说，上下午收看人群多为：时间不固定的、倒班、没工作的及其他人员，离退休人员是其中占相当比例的观众。对这部分人群需要了解他们的需求，精心安排节目。“合适就是黄金”，要根据“时段契合”实施“节目契合”，即在这时段针对特定的观众应安排相应类别的节目。时段及节目的契合需要进行细致的收视市场调查，根据明确的目标观众群的收视习惯和作息时间的调查数据来论证和确定节目的安排。另外，针对白天的收视群体，还应适当重播部分节目，以满足那些非正常上班人们的收视需求。除了考虑目标观众的收视时间，节目安排上还要考虑竞争对手的节目安排，“知己知彼，百战不殆”。随着上星卫视的增多，“空中大战”不可避免。因此需要采取田忌赛马的策略，避实就虚，以自己的弱项对应对方的强项，把自己的拳头产品放在最能吸引大多数受众目光的时候。要保证在竞争中处于优势地位，除了依靠自己本身的节目高质量与好的安排，还要注意别的电视台的时段安排，闭门造车很有可能会导致观众流失。因此，在黄金时间的节目就更要分析其他电视频道尤其是与自己的目标观众群重合或交叉的频道的节目播出时间，以此对节目进行安排。

经验表明，保持频道观众的良方之一，便是让节目开始与结束的时间与竞争对手的不同，以便越过破口，使竞争频道的节目无法在破口处插入。节目编排的方式有多种，包括桥梁式、针锋相对式、带状式、吊床式，等等。节目编排策略不同，收视率会有不同的表现。比如桥梁式，便是打时间差，抢先吸引观众，并留住观众，甚至对观众持续收看本频道节目起到牵引作用。很多卫视的省级新闻联播并不安排在准点的18:30或18:35，而是推迟或延长几分钟，正是采用这一编排策略，错开或抢先与其他竞争对手的播出时差。一般来说，早一些的节目会让观众继续看下去，晚一会儿的节目则有可能在观众看别的节目不满意转台时吸引他们的目光。除了地域优势外，时间安排起了很大的作用，目前大多数省级卫视的新闻时间大多集中于统一时间段，以形成相对稳定并且保持一定高水准收视率的收视群体。

此外，对电视媒体来说，最重要且实在的公共关系就是对观众“一诺千金”，言而有信。节目的准点播出已经普遍实行，但有不准时的情况出现时，需要事先向观众说明。比如在全国性的重要会议期间，《新闻联播》常常由平时的30分钟变成40分钟或45分钟。这时我们看到，中央电视台会在《新闻联播》刚开始时让播音员说明“这次节目大约需要××分钟”。其他地方电视台也已经意识到这个问题，越来越重视与观众的“约会时间”。

二、传统电视新闻节目的编排

在电视节目不多的时候人们并没有意识到节目编排的重要性，随着频道与节目增多，竞争加剧，人们开始意识到新闻性电视节目是各种报道形式、节目形态的组合，这种组合并不是随意拼凑，而是按一定的节目方针、意图组织起来的有机整体。从中央到地方，各电视台纷纷开始尝试节目编排，使节目的整体感、层次感、渐进感得到了加强，提高了新闻的总体质量。

在美国，电视新闻节目发展到今天，已经形成多样化的格局，从主导流向来看，大体有以下六大类型：

1. 新闻联播型节目：新闻联播型节目是在每天的固定时间段播出，故又称每日新闻节目；

2. 新闻综述节目：新闻综述节目是对一周发生的新闻事件进行回顾并有选择地对重大事件进行评述；

3. 新闻专题节目：新闻专题节目是对近期发生的事件、社会问题所进行的具有一定深度的报道；

4. 新闻杂志节目：新闻杂志节目主要有两种形式，一是栏目组合，以各种小栏目拼凑成一个完整的节目；二是事件组合，以相同事件的报道构成一个完整节目；

5. 新闻评论节目：新闻评论节目特色是围绕人们关心的事件、社会问题、社会现象、新闻人物发表不同见解、不同看法，从而起到传播新闻、交流信息的作用；

6. 人物专访节目：人物专访节目可分为三种形式，一是事件专访，二是问题专访，三是名人专访。①

央视新闻频道的节目类型也大概包括这些。新闻的不同类型所要表达的重点各不相同，不同的栏目必须根据不同的时间段将新闻时效与新闻深度灵活搭配、急缓搭配，全方面播报新闻。

---

① 赵淑萍，王银桩．美国电视纵横——美国电视全方位透析 [M]．北京：华文出版社，1995.

（一）传统电视新闻节目的编排原则

电视新闻编排要依据一定的原则。编排原则既是报道思想的具体体现，又是编排技巧的“灵魂”。具体来讲，新闻编排应该从以下几方面考虑。

1. 新闻编排要从全局出发反映时代全貌

新闻编辑应该树立全局观念，增强宏观意识，洞察整体形势，站在时代高度处理具体新闻，编排新闻节目。这就要求编辑进行新闻编排时“吃透两头”，这是新闻编排工作中必须遵循的原则。

2. 新闻编排要体现党的路线、方针和政策

新闻编辑应该树立政策观念，加强对党的路线、方针和政策的研究，并通过新闻编排体现其精神实质。与其他节目比较，新闻性节目具有很强的政治性和政策性，新闻编辑应通过广泛的题材、丰富的内容准确及时地反映党的政策，避免片面性。

3. 新闻编排要发挥节目整体优势

新闻编辑应该树立节目观念，下功夫研究新闻节目的内在规律、基本特征和编排制作的艺术，通过适当的新闻编排发挥节目的系统宣传优势。编排一次新闻节目既要内容全面，又要目的明确，有所侧重；既要充分挖掘每条新闻所蕴含的新闻价值，又要注意新闻之间的内在联系，并通过新闻的合理配置和优化组合，取得最佳传播效果。

4. 新闻编排要考虑受众需要，做好服务工作

新闻编辑应强化受众观念，做好受众调查，并根据观众的愿望和反馈意见改进新闻编排，使新闻性节目更贴近群众、贴近生活、贴近实际，成为党、政府和群众的耳目喉舌。

（二）传统电视新闻节目的编排要求

1. 突出重点新闻

电视具有线性传播特点，重点新闻的突出主要表现在时间的安排上。目前国内的消息类电视新闻节目的编排以《新闻联播》为代表，经过几十年的发展，已形成了一种相对固定的模式。它的特点是先安排国内新闻后安排国际新闻，先安

排时政新闻再安排经济新闻、文教新闻和社会新闻等，分类新闻各自集中，不同类型的新闻互相之间不交叉。往往各分类新闻中的第一条新闻是最重要的，而时政新闻更是重中之重。各省级及市级电视台新闻播报也延续这一方式，这种编排方式中规中距、简单易行、操作方便，而且由于长期普遍的使用，已经形成定式。人们已经习惯了这种将时政新闻置于首位来彰显其重要性的方式。

但是这种传统方式也存在一定弊端，比如可能难以调动观众的收视兴趣，或者一些重要新闻容易被忽视等。因此，在新闻播报时，除了利用时段凸显重要性外，往往还需要优化新闻配置资源，即将几条不同侧面、不同角度但有一定内在联系的新闻集纳编排，或组合或对比，或配资料、评论，从而达到互为补充、互为背景、互为对比，做到各条新闻之间合理配置组合。这种以成组而非单条的新闻播报方式能够使一档电视新闻节目在有限的时间内承载更大的信息量，增强新闻内容的密度、力度和深度。

比如 2012 年 4 月 9 日的《新闻联播》，其中三条分别为：“[视频] 中国互联网协会发出倡议书，呼吁互联网行业抵制网络谣言依法文明办网；[视频] 法律专家表示：完善法律法规，加大惩处编造、传播谣言者力度；[视频] 本台短评：遏制网络谣言，还得防字当头。”除了新闻报道外，还分别以采访及短评的方式加强新闻力度。这种配置方式并不是简单地利用系统论中整体与局部的关系，更是将重点放在新闻事实的报道上，既对事件各个侧面进行了实事求是的介绍，遵循了新闻的真实性原则，又通过各种背景资料的报道满足了观众对深度的要求，同时以简短的评论做到舆论引导，有效地实现了电视媒体的生动与深度的结合。

目前已有部分电视新闻节目开始尝试新的编排方式。例如中央电视台的《晚间新闻》，它采用先国际新闻后国内新闻的做法，也有部分新闻节目采用混合编排。混合编排是指在电视新闻节目中，将所有新闻按重要性或观众关心的程度混合编排。但这种情况比较少见，目前，国内绝大多的电视新闻节目只有在遇到重大突发新闻事件时，才会采用混合编排。另外，还有一种混合编排方式是将国内新闻段落与国际新闻段落搭配，往往以三或四条新闻为一组，进行报道。这种报道往往兼顾了国内和国际的重要新闻，而且版块分明，容易让观众理解和接受。

2. 营造编排节奏

电视新闻编排是通过“时间的艺术”使新闻因排列顺序不同而营造出节奏感，这既是满足观众的需要，也是竞争的需要。现在的编排工作早已不再是把各条新闻简单地排列、堆砌，营造节奏已成为编排工作的需要，有节奏才有电视新闻的艺术。在节目中营造出节奏，才能更好地吸引观众，吸引了观众才有收视率，节目才能生存下去，并在竞争中立于不败之地。

一般来说，一档长约 30 分钟的消息类新闻节目大概包括 20 条新闻，这其中必然包括生动的、具体的、观众感兴趣的新闻，以及宏观的、政策的新闻。新闻不可能都是精彩的和观众感兴趣的，因此在编排上必须兼顾所有的新闻。既不能将全部精彩新闻编在一起，也不能将三条一般和较差的新闻衔接在一起，否则观众在看完重要或精彩新闻之后就有可能转移注意力。在形式上，也需要将长、短新闻有机搭配，图像新闻与口播新闻进行穿插，制造几个高潮，形成高峰与低谷，节奏自然呈现。

特德·怀特在《广播电视新闻报道写作与制作》一书中提出“峰谷技巧”理论：电视新闻节目中不可能每一条新闻都使所有的观众感兴趣，所以必须把节目想象成一系列的山峰和峡谷，高低不平，错落有致。每次新闻广播都要用当天最重要的、最新的、突发性的新闻作头条，即从高峰开始，新闻节目表越往后，新闻的紧迫性和新闻价值也就越小。在低谷状态下，应该找到一种办法来一个转变，使节目再回到高峰状态。按照“峰谷技巧”理念，要使整个电视新闻节目都令观众感兴趣，就必须把节目设计成以最重要或最有趣味的新闻当头条，对观众形成刺激最高峰，一下子吸引观众注意力，接着安排一些相对头条而言新闻价值较小的新闻，以适应观众兴趣衰落的规律，当刺激强度减弱至低谷，即观众注意力开始分散时，再播出准头条，重新调动观众情绪，形成新的兴奋点，使节目回到高峰状态。如此反复，节目就会高潮迭起，始终吸引住观众的注意力，使传播取得最佳效果。这与电影中的小高潮迭起原理是一样的。

此外，在编排上，必须考虑到新闻的内在节奏，即新闻本身的重要性及影响力，不同类型及价值的新闻在整个节目中应有相应的位置和长短，节目编排时如果不考虑新闻的内在节奏，就会使节目杂乱无章，出现节奏紊乱，观众也难以接受、理解新闻内容。

以中央电视台 2012 年 5 月 8 日的《新闻 30 分》为例，此期节目分为四个新闻段，第一个新闻段长约 6 分钟，第二个新闻段长约 9 分钟，第三个新闻段长约 5 分钟，第四个新闻段虽只有一则新闻，却因为是深度报道，所以时长相对长一些，为 4 分钟。前三段新闻之间以栏目宣传片分隔，第四段之前插入广告。第一部分新闻遵循传统新闻编排方式，将时政新闻置于首位，包括图像与口播两种新闻方式。与传统编排不同的是，第二部分则安排了国际新闻，并且采用了成组编排的方法，将与选举有关的新闻编排在一起，同时也是从不同侧面进行编排，保证了新闻重要性的呈现。另外，在重要程度上，将俄罗斯新当选总统普京宣誓就任这一重要新闻置于首位，引领以后五条与选举有关的新闻。随着重要性的逐渐降低，最后一则新闻是美国挫败恐怖袭击阴谋的新闻，将人们的注意力又拉回来。节目编排体现出准高峰 — 峰谷 — 高峰的顺序。第三部分新闻又回到国内，采取在地域上从大到小，由整体到局部的原则，首先报道与全体人们生活息息相关的住房与健康的新闻，自然引起人们的重视。而第 12、13 条与地域有关的新闻，对不同地区的观众吸引力不同。最后一部分是深度的调查报道，而且是当前网络媒体议论纷纷的小学生安全问题，对大多数百姓来说，这则新闻虽然具有地域性，但却是大多数百姓都关心的事件，重要的事件自然能够吸引观众收看；对于央视而言，则是利用大众传播媒体的传播效果还原事情的真相。纵观三十分钟的新闻编排，既没有把所有重要的新闻全部放在前面，给观众造成头重脚轻之感，又通过穿插将其他价值不同的新闻让观众接受。

在新闻篇幅上，每个新闻段内都既有长消息又有短消息，既有图像新闻也有口播新闻，既不会出现一长到底、冗长乏味的情况，又不会出现短短组合、支离破碎的局面，整体上让观众感到搭配平衡。这种利用不同的新闻内容、体裁、长短，通过它们之间的穿插使用可以使电视新闻节目产生节奏感，从而更好地吸引观众。

3. 传递隐性或显性信息

隐性信息是编辑对各条新闻相互关系的认识和评价的结果，是编排中各种因素相互作用的产物，是媒介对客观事物的立场、观点和态度的一种反映。电视新闻本身是对新闻事实的报道，但是可以通过编辑恰当的编排形式，将自己的意图传递出来，使观众可以感受到媒介对各类事件的态度和情感，并自觉或不自觉地受这种态度和情感的牵引，因此可以说编辑工作的价值判断在很大程度上就是通过编排中传达的隐性信息传递给观众的。隐性信息具有明显的倾向性，是影响舆论的一个不可忽视的因素，也是媒介实现传播目的的重要而有效的手段。

目前还有很多新闻编排是新闻后紧接短评的方式。这种编排首先是对事实的报道，随之以短评或者进行舆论正面引导或者负面批评，既是客观论述，也不会有主观干扰的感觉。这很容易让观众在讲事实的基础上接受观点。

当重大事件发生时，新闻编排也可以打破原有的顺序，以翔实深入地报道事件为第一准则。2008 年汶川地震，央视新闻频道打破节目壁垒进行二十四小时不间断播报，第一时间将第一手资料报道给观众。

随后虽然恢复了正常的节目时间，但是《新闻联播》《新闻30分》《晚间新闻》等各档新闻栏目中仍是关于地震相关情况的报道；《东方时空》《焦点访谈》《新闻调查》等新闻及评论栏目则是结合栏目特色作相关的深度报道或评论。另外，还有大量公益广告和音乐电视的配合，以及“5·23”大型赈灾义演文艺晚会的宣传和现场直播，为灾区筹集的款项超过了10亿人民币。每天，不论前方后方，观众们总是集中在电视机前，通过中央电视台的屏幕了解各地灾情，了解中央的战略部署。汶川地震期间中央电视台的这种节目配置，起到了沟通全国上下、激励国人抗灾斗志、号召国人支援灾区、安定灾区民心的作用。此外，编辑还多次将节目整合重组，使一个节目多次利用，或使零散的节目集合成有规模的长时间节目。由于地震灾区地域范围比较广，单个的栏目制作人员统一到全台的调配之下，统一调配技术和物资资源，使不同栏目的工作人员组成新的集体，共同报道，相互协调，如此强大的报道团队所带来的消息报道是其他团队难以比拟的。央视这种打通各栏目、随时现场报道的做法使得它牢牢地占据了观众的收视点。同时它也将一天的消息综合报道，有效地利用了节目资源，让观众更多地了解现场的情况。

第六节　网络与移动媒体新闻编辑

一、网络媒体新闻编辑

随着宽带技术的应用和普及，传播领域正在发生着一场深刻的革命。受众更趋向于通过图像化、多媒体化、互动化的新闻传播形式，获得更便捷的信息服务。网络编辑必须适应这一形势，提升素质，更新观念，大胆创新，创造性地做好网络媒体的新闻编辑工作。

（一）网站新闻专题策划

网站新闻专题是在新闻网站的基础上出现的，是指在新闻网站常设的频道和栏目之外，为了更为集中地传播某些重要的信息而特别开设的新闻专题。四川大学教授蒋晓丽认为，网络新闻专题是指基于网络技术的支持，综合运用多种表现手段，展现某个特定主题或事件的一组相关新闻信息的总汇，它旨在通过对现有新闻资源进行深度开发，挖掘出事实背后的真相与联系。新浪前总编辑陈彤认为，网站新闻专题是指网络新闻媒体在特定的新闻或信息主题之下，建立综合性的相对独立的网络新闻报道形式，与日常程序化的一般性网络新闻报道相呼应，也是网络新闻表现形式中的一种主要形式。也就是说，新闻专题就是网站综合运用网络多媒体手段，对某新闻事件、热点现象或重大政策话题进行报道、评论和解读的综合信息集合。

1. 网站新闻专题的传播属性

网站新闻专题的传播内容，常常是网站要重点突出的，是新闻价值极高的信息，因此必须进行科学严谨的策划。而要做好新闻专题的策划，必须对其特有的传播属性有深入了解。

（1）集合

网站新闻专题，是综合的信息集合。它可以将与选题相关的所有内容涵盖其中，同时，又可以多种媒体并用，为受众提供海量的、多渠道的信息。从这个意义上说，一个新闻专题，其实就相当于是一个栏目。只不过它的选题比较集中，是就某一话题引申而成的。

（2）系统性

新闻专题，突出一个“专”字，网站新闻专题则是通过“全”字来突出这个“专”字的。也就是说，新闻专题可以把选题做深、做透。动态新闻、各方说法、背景资料等应有尽有，形成一个完整的系统，用全面的信息来诠释新闻主题。

（3）动态性

与传统媒体不同，网络媒体能够做到及时快速更新，时效性较强。因而网络新闻专题，可以对事件进行即时跟踪报道，具有较强的动态报道优势。受众不仅可以较全面地了解事件信息，还可以及时了解最新动态。

（4）强指向性

适合做专题的，都是受众比较关心的话题。网站新闻专题，可以将大家关心的所有内容集中起来，并通过在首页的醒目的标题加以引导，让受众能够很容易地找到自己所需要的内容。

2. 网站新闻专题的策划要点

网站新闻专题，一般都是网站重点推出的、脱离于常规栏目的特别制作。每一个新闻专题，都是精心策划的结果。

（1）追求广度和深度

网站新闻专题，既要考虑集合性，又要考虑系统性。既要让传播的信息具有广度，能够反映新闻选题的方方面面，同时，还要考虑深度，要有反映选题背后深层背景的重头稿件。

（2）内容安排上要有层次感

虽然网站新闻专题是围绕一个话题展开的，是很“专”的，但是，一方面，受众对这一话题的信息需求仍然是有差异化的，想要了解的侧重点各不相同；另一方面，反映这一话题的信息属性本身也是不一样的。因此，在网站新闻专题的安排上，要有层次感：页面内容的布局要有层次感，事件性新闻与非事件性新闻专题策划的布局应有所不同。事件性新闻专题通常以时效性的新旧和新闻价值的大小来编排。最新动态放置在网页标题以下的最上方。而非事件性新闻专题则主要按专题的结构逻辑来依次安排。此外，标题的字号、字体都应有所区别。

（3）加强链接的作用

链接技术的应用，使网站传播的触角可以无限延长。通过链接，网站可以共享互联网平台的信息，将其他网站的相关信息“借”过来，让受众在专题中可以了解全部信息。

（4）设置互动平台

新闻专题，不仅包括事件或话题本身的报道，更有关于这一事件或话题的讨论。设置了互动平台，就可以让受众参与进来。一方面，可以活跃“气氛”，让新闻专题更生动活泼；另一方面，受众参与互动本身，又增加了信息的传播量，让专题的内容更丰富。

（二）网页新闻策划

1. 网页策划要考虑的因素

网页是网站新闻信息的具体传播形式。网页的设计，首先要有利于传播，能够吸引受众接收网站信息；同时，又要追求形式上的新颖美观、富有特色。网页策划，是一项具有创新色彩的活动，很难套用固有的模式，在策划时，有以下要素需要考虑。

（1）网站定位

内容决定形式，网站的总体定位，决定了网页设计的基本风格及其传播内容的选择。网络编辑在进行网页策划时，一定要首先考虑网站的定位，清楚网站传播信息的主要类别，根据传播内容来确定标题字号、图片处理等具体项目。

（2）层与面的关系

网站的网页是要一级一级打开的，存在着层次递进的关系，而每一层，又是一个独立的平面，具有相对的独立性。网页策划要处理好层与面的关系，既要保证受众能够深入到各个层，还要保证受众随机浏览的需要。可以采取重点推介内容，在首页发布内容，或附带详细导读。而对于一些相对小众的信息，可以采取标题推介的办法。

（3）与推送新闻的竞争

近几年，针对网络海量信息的状况，各网站纷纷出现了推送新闻的传播方式。推送新闻主要有两种方式：一种是单条新闻的推送，另一种是以新闻迷你页面的形式推送。这种方式为受众接收和选择信息提供了方便。网页策划，必须考虑到与这种传播方式的竞争，除了一些大型门户网站外，一般不宜采用繁复的页面设置，尽可能简洁明快。

（4）碎片化传播

由于当下人们生活节奏加快，偏重速度和效率，同时各种媒体的海量信息导致信息严重过剩，所以人们对信息接收具有一定的偏向性，即重图轻文，重短文而轻长文。网络传播呈现碎片化特点。网页设计必须考虑这一要素，一是尽可能采用图片、视频、动画等形象化语言；二是传播的文本内容要尽量简洁短小，对标题的编排，如字体、颜色、大小、距离等要与正文有明确区分，便于受众在视觉上区分内容结构，从而快速浏览和掌握信息；三是网页风格应活泼清晰，尽量采用多种媒体形式传播。

2. 首页的网页规划

首页是网站的门面，是“菜单”，受众要通过进入首页找到自己需要的内容。网页规划就是要吸引受众层层深入，接收网站传播的信息首页的设计一般有两种风格。

（1）首页主体式

这种类型的首页，强调首页的作用，将主要的传播内容，都集中在首页。首页的高度相当于三四个屏幕的大小，展示的内容不仅有频道和栏目，还有大量的文章标题、图片。频道和栏目也分得非常细致。这种方法，可以保证受众在首页能够找到更多适合自己的内容，靠首页来吸引受众。缺点是，重点不突出，页面内容太多，给受众眼花缭乱的感觉。所有的门户网站的首页基本都采用这种方式，而目前的新闻网站绝大部分都发展成了门户网站，首页采用的都是这一类型。

（2）首页引导式

首页主要起导读的作用。在首页中展示主要的频道和栏目，加上少量的新闻标题。这样的首页比较简洁清晰，靠第二层甚至第三层页面来展示主要传播内容。页面高度只有一两个屏幕大小。这样做的好处是，受众可以找到自己个性化需求的内容，比较方便，重点也比较突出。缺点是首页的冲击力下降，可能会丧失一部分不喜欢深入次级页阅读的受众，也不利于吸引随机阅读的受众。

推送新闻等新兴传播形式的出现，使网页策划几乎只能选择第二种方式。因为推送新闻的形式倒逼网站必须减少首页的新闻数量，所以主体式首页类型在当下新的网络传播形式下，已经不再适用。新闻网站首页应该大幅度瘦身、简化，突出导引功能。

首页的版式应该特色鲜明。可以通过策划，确定自己网站独有的颜色定位、重要标识。在版式设计上，可以有一些形式上的变化，形成独特的风格，但要注意不可过分创新，不能喧宾夺主。此外，首页的头条一定要被强化突出，可以采用较大字号、较醒目的字体颜色。标题下，还可以有内容摘要，或导语式的副标题。

3. 次级网页的策划

次级页，是具体传播信息的网页。一般来说，现在的网站不宜设置过多层次的次级页。三级网页是比较通行的做法。也就是“首页 — 栏目页 — 文章页”或“一级页面 — 二级页面 — 三级页面”结构。大多数网站都是以这三级结构为基准的。当然，也有很多大型门户网站的层级不止三层。但不论有多少层级，都是以三级网页为基础的。

二级页面是每个栏目起始页，起着承上启下的作用。有些内容，可以在二级网页中展现。三级页面是文章页，位于最底层，当浏览者进入栏目后见到的超级链接，就是通向大篇幅文本的。由于文章页本身包含大量文字，图片不宜安放过多。在上述的三级结构中，二级页面与三级页面之间应保持风格一致，也就是基本布局一致。首页与二、三级页面之间的风格也有需要一致之处，但这种要求不十分严格，自由度稍大。

4. 网页版式策划

网页的版式，千差万别，但总体上不外是如下三种结构：纵式结构、横式结构和纵横式结构。

纵式结构一般为三纵式，即将网页划分为纵向的三条，将文章、图片等内容分布于这纵向的三栏中。当然，在总体三栏式的基础上，可以有一些变化，比如将相邻的两栏通开，变成一宽一窄两栏，或将三栏破成四栏。新浪网首页就是采用的三纵式结构。

横式结构即将网页横向分为多栏。

纵横式结构，是将纵式结构和横式结构结合起来。或者是整体为横式结构，每一横式板块再用纵式结构，或者整体采用纵式结构，其中的宽栏部分再以横式划分。这种方式，既使页面秩序井然，清晰明了，又不失变化，是目前各类网站首页和频道页采用最多的版式形式。

此外，近年来还出现了杂志式结构。杂志式版式的设计比较灵活，总体特点是具有较强的整体感，页面色彩、造型、布局等样式比较新颖、活泼，有一定的视觉冲击力。

不论采用哪种结构，都要注意以下问题。

（1）错落有致

网页之中，所传播的信息，往往以文字、图片或导读框的形式出现，在安排这些内容时，要错落有致，避免大片的文字，或过多的图片拥挤在一起，造成页面的混乱或失衡。

（2）简洁清晰

阅读网络媒体，比阅读纸质媒体更加容易疲劳。而且，网络媒体是分层传播的，并不需要把所有信息都放到一个页面上。所以页面设置必须做到条块分明，简洁清晰。

（3）对比有度

在内容安排上，要有主有次，在颜色运用、字号处理上，要形成一定的对比度。如果没有对比，什么都是重点，就会给人眼花缭乱的感觉，反而没有了重点。但对比不可过于强烈，比如，重点推介的文章可以用大字号，但大得离谱的话，就会给人头重脚轻的感觉，不利于传播，也不美观。

（三）网络新闻图片编辑

现代社会已经进入了“读图时代”，图片可以让受众直观地看到新闻事实的场景，正所谓“有图有真相”。好的图片，能够抓住精彩的瞬间，形成强烈的冲击力和感染力。与文字比较，图片更直观；与视频相比，图片更耐读，可以凝视，反复观看。因此，图片是网络编辑重要的编辑对象。

1. 新闻图片在网络媒体新闻中的运用

（1）与新闻稿件相得益彰

有一些照片，来自新闻现场，信息量很大，与新闻内容直接相关，甚至有一些对新闻事实的说明意义大于文字。对于这类图片，要与新闻稿件相互配合，在编辑处理上，一般都穿插在文本之中。

（2）图片新闻

对于一些事实比较简单、现场感比较强的新闻事件，在编辑时，可以更加突出照片的作用，采用图片新闻的形式，以图片为主来报道新闻，而文字稿则为图片报道服务。

（3）运用示意图和图表来说明新闻

对于新闻稿件中比较复杂的人物关系、方位关系等内容，用文字来表述缺乏直观性，有时让受众难以理解。这种情况，就比较适合使用示意图的方式来传播，而对于一些数字关系，一般比较枯燥，受众心中难以形成对比关系，这种情况则比较适合用图表的方式来展现。

（4）纯美化版面

为了让版面更美观，吸引受众的眼球，网站编辑也可以运用一些美观的图片来修饰版面。这类图片一般信息量不大，有的甚至可能与新闻事实无关，但是作为一种修饰或作为一种隐喻，也能起到帮助传播的作用。当版面文字内容量较大时，适当穿插图片还可以作为一种间隔和停顿，缓解读者的阅读疲劳。

2. 新闻图片编辑要点

（1）注意图片的真实性

“有图有真相”，只是网络上的流行语，其实并不一定准确。有时候，有图未必有真相，因为现在网上的图片来源广泛、良莠不齐，网站编辑要注意图片的真实性，选用的图片一定要查清来源，确保真实性。

（2）坚持新闻性与艺术性的统一

新闻图片，首先得有新闻性，不能只求美观，但是也要有一定艺术性，优中取优，要有信息量。

（3）可以有修饰，但不能作假

网络编辑在处理图片时，可以进行技术上的修饰，使图片更符合网站的要求。但是，绝不能做假，不能 PS（用软件对原始照片进行修改）。原则上，应该是以不影响新闻事实为底线，尊重新闻事实。另外，图片要有信息量，要以新闻图片为主。

（4）运用多种方式展示图片

图片展示的方式有多种，网站编辑要善于学习和掌握最新的图片处理技术，运用各种手段来展示图片。比如，可以运用 Flash 技术，将推介的新闻图片、图表连续地展示出来，也可以运用数字技术，制作全景特效照片。

（四）网络音频新闻编辑

在网络传播中，各种手段可以综合运用，似乎不需要音频文件了，其实不然。声音，是最基本的信息传播方式，在网络世界里，音频的使用同样不可缺少。音频，是网络新闻信息传播的重要载体。音频在网络时代，依然有其独具魅力的传播优势。另外，有些时候，比如电话采访，只能采集到音频资料，这就需要网络编辑对这些音频资料进行加工处理，以音频文件的方式来进行传播。

1. 音频新闻的种类

音频新闻按照传播的方式可以划分为实时传播和错时传播两种。实时传播就是广播网中播出的广播节目，其形态与传统广播没有大的差异，但播音效果要好于传统广播媒体；错时播出，则是指音频文件的传播，受众可以随时反复收听。从新闻类别来看，音频新闻主要有以下几种。

（1）音频消息

这一类音频新闻主要是通过广播网来传播的，这类新闻时效性比较强，需要即时传播。

（2）录音新闻

一些专题类的新闻，记者进行了深度采访，采录了重要的音响，可以通过后期制作，形成录音新闻，在网站上传播，供受众随时收听。

（3）现场报道

记者在现场实时进行的报道，可以及时反映重大事件的新闻现场的状态，让受众可以在第一时间了解新闻现场的情况。

（4）录音专访

对于一些重要的新闻人物，由记者以对话访谈的形式，制作成录音专访，让受众对新闻人物及新闻事件有深入的了解。

2. 音频新闻的特点

（1）伴随性

音频新闻继承了传统广播媒体伴随性的特征。所谓伴随性，就是指听众可以一心二用，在收听音频新闻的同时，做家务或其他活动。这是音频新闻能够吸引一些固定听众的重要原因。

（2）非线性

这是与传统广播媒体不同的地方。传统的广播媒体是线性播出的，即按照时间顺序来播出节目，信息传播是线性的、稍纵即逝的。而网络音频新闻，作为一个音频文件，可以在互联网上反复收听，打破了时间上线性的限制。

（3）非地域性

传统广播因其信号传播的限制，具有较明显的地域性，人们很少能听到外地的广播节目。但网络音频新闻则打破了这种限制，互联网只有一个，广播节目地域性限制被打破，音频新闻处在开放的状态，人不分南北，谁都可以点击收听。

（4）小众性

传统广播具有鲜明的大众传媒的特征，而网络音频新闻则打破了这种限制。丰富的网络资源，使音频新闻可以迎合小众化群体，针对小众群体策划一些特色很鲜明、分类很细致的音频节目。

（5）参与性

与传统广播节目相比，音频新闻更具有参与性，受众不仅可以对节目品头论足，甚至可以直接参与节目的制作，上传自己的音频新闻作品。

3. 音频新闻编辑要点

音频新闻编辑与传统广播媒体编辑工作有相似之处，但也有诸多不同。网络媒体拥有多种传播手段，音频新闻是诸多手段中的一种，这与传统广播媒体所处的外部环境是有很大差异的。

（1）加强互动性

与听众互动，本来就是广播媒体的优势所在。而网络音频新闻植根于互联网，与受众进行互动是极其方便的。此外，网络音频新闻更需要广大受众参与讨论互动，这样才能聚集起人气。

（2）口语化

网络音频新闻在采写制作过程中，要注意使用受众乐于接受、浅显易懂的口语来进行传播。网络音频新闻的主持人，要用“说新闻”的方式和广大受众交流。

（3）情感化

音频节目是听声不见人，能够给受众留下一定的想象空间，受众与主持人的交流也更顺畅。因此，主持人一定要走情感化的路线，从播音风格上、语调上给受众以亲切感，从而进行情感交流。

（4）优美化

音频新闻主要是靠声音来和受众交流，因此一定要注意音色的美感。优美的声音能够让受众感到听节目是一种享受，从而培养受众的忠诚度。

（5）媒体互动

音频新闻要与文字、图片、视频等互联网上可以运用的媒体手段加强联合互动，这是与互联网时代新的传播形式相适应的。作为声音媒体，其实也是有一定的缺陷的。媒体互动，可以取长补短，发挥自身优势，又可以吸取别家所长。

（五）网络视频新闻编辑

视频新闻是指运用现代电子技术手段，以独立的视频文件的形式来传播的新闻。可以综合运用影像、声音和字幕等多种手段再现新闻事实。伴随着带宽条件的不断改善，视频新闻的普及率将不断提高。视频新闻在网络媒体和网站运营商看来，无疑是个潜力巨大的价值增长点。

1. 网络视频新闻的种类

网络视频新闻，大部分来自传统的电视媒体。但是，专门在网上传播的视频新闻节目已经出现了。而且从走势上看，今后这类专门在网络上传播的视频新闻节目会越来越多。目前，视频新闻大概有以下几种。

（1）电视新闻栏目

这类节目，就是电视台播出的新闻节目，通过电视媒体播出后，再通过电视台媒体的网站，在网络上传播。

（2）独立的电视消息

这类视频新闻大多数也来自传统电视媒体，是电视媒体已经播出的内容。但是，这部分视频新闻是经过重新编辑的。它是为了在网络上传播，而将独立的一条消息进行二次编辑，以独立文件的形式再上传网络。

（3）新闻调查

现在已经有专门的传媒公司或媒体人，制作新闻调查类的节目，利用网上的视频平台传播。比如柴静的《穹顶之下》，就是由她本人投资、采制的调查类节目，而且是完全依靠网络媒体传播开来的。

（4）拍客新闻作品

拍客是指那些业余的新闻爱好者，利用摄像机、相机、手机等设备，随手拍下在生活中遇到的新闻现象，并独立制作成视频新闻在网络上传播。作为一种新生事物，拍客的行为还存在着很大的争议。但不可否认的是，其中一些拍客的行为，还是有着规范合法的一面，而且其中不乏优秀作品。

2. 网络视频新闻的特点

（1）传播速度快

视频新闻称得上是“轻骑兵”，可以与传统电视媒体同步传播，也可以化整为零，将某一个专题的消息制作成独立的视频文件来传播。加之现在非常盛行的分享式的病毒式传播，可以将一条电视新闻迅速在多个平台分享。

（2）更接地气

视频新闻除了有传统主流电视媒体的节目外，还有一些是传媒公司或拍客提供的，这就使新闻更接地气，更贴近百姓的生活。

（3）参与性强

传统的电视媒体有“生产周期”的限制，也有线性播出的限制，而且是单一的视觉媒体，观众很难参与其中。而这些在网络上都不成问题。网络视频节目可以在网上迅速传播，也可以制作专门的栏目，让受众在观看后，可以随时发表意见。

（4）关注度高

当一条消息出来，在传统电视媒体上很难反复关注这一条新闻或一个新闻事件。而在网络上，可以在排版时做一个专题，随时有新消息就可以随时发布。信息非常集中，关注起来也非常方便。

3. 网络视频新闻编辑要点

（1）视频文件完整独立

传播碎片化，使受众难以接受长篇大论式的传播方式。视频新闻，正是适应这种传播方式而产生的。视频新闻的每个文件都应该是独立成篇的，要有独立的名字，还有字幕、旁白、音效等完整电视节目所应具有的一切元素。

（2）便于分享

视频新闻要在网上传播，吸引受众来看，只是传播的第一步。视频新闻编辑，必须进行认真的思考和策划，让节目适合被分享，被广大受众分享，才是网络传播的关键，要做到这一点，就要求视频新闻在编辑时，要取一个吸引人的好名字，同时，节目时间不宜过长。

（3）优先搭建平台

视频新闻编辑要注重建立平台，一个视频新闻上传到网络，应该同时搭建起受众发表意见、分享的平台。有了这个平台，就可以将有关信息集中传播，也方便受众在统一的平台内讨论分享。

（4）配合其他传播手段

视频新闻可以配合文字、图片等其他传播手段一起传播，为受众提供多种选择。最好把这些做成一个可供分享的文件，让受众“一站式”地接收完整的信息。

（5）加强推送模式的传播

所谓推送模式，是指网站通过一定的技术标准和协议，利用相应的网络平台，将视频新闻主动送到客户的终端。这是当下非常流行的一种方式，也是极具生命力的传播方式，视频新闻编辑必须充分认识到这一点，在编辑工作中主动适应这一形势，加强推送模式的传播。

二、移动媒体新闻编辑

移动媒体新闻编辑相较于传统媒体新闻编辑显得更加灵活多样，移动媒体新闻多基于网络平台进行传播，带有时效性、交互性、形式灵活性更强的特点，因此在编辑的各个环节与传统媒体有所不同。

（一）移动媒体新闻的传播特点

1. 注重用户性，以人为本

传统媒介是对人类感官的延伸，而移动媒体同样也是人类感官的延伸，只不过不是在传统的固定的环境里延伸，而是在新出现的流动的环境里延伸，将人体的感官调动，使媒体对其产生影响。

这是根据麦克卢汉所说的“媒介即人的延伸”而来的。实际上，不论是传统媒体还是移动媒体，都是在一定条件下强调人的重要性，“受众本位”的思想一直被放在重要位置。而移动媒体本身的特性让传播更加注重受众本身。

受众在移动媒体时代已经不再是单一的信息接收者，他们不仅仅是受众，还是移动媒体的“用户”，即更多的是作为移动媒体大众传播的信息参与者和使用者。受众的这一用户特性在移动媒体发展阶段得到了极大展现。正如尼葛洛庞帝所说的“传送信息的传播者根本不知道传送出去的比特最终会以何种面目——影像、声音还是印刷品——在接收端出现”。移动媒体在对信息传播的编辑时可以同时通过文字、图片、视频、音频一种或多种融合，不仅丰富了信息内容表现形式，也让传播渠道更容易被受众所接受。多样化的传播内容更加体现出对受众感官、心理的重视及以人为本的思想。

2. 复合化传播

移动媒体传播内容的复合化，将大量信息真正迅速传播到广大受众中。也使手机由简单的“通信工具”转变为具有大众传播功能的“媒体传播工具”。移动媒体内容的复合化传播可分为两个方面。

一是移动媒体的传播内容可以兼有文本、音频、视频等多种形式。自我国1998年开通手机短信以来，手机传递的信息从单纯的语音或短信文字，逐步发展到彩信，有了图片。后来多媒体被逐渐运用，传递的内容开始融合文字、图片、音频、视频于一体，并借助移动互联网通信的发展，手机用户可以收听电台、订阅手机报、看电视、发邮件、玩游戏……从单一的内容到如今的复合化传播，不少传统媒体也在移动媒体上试图开辟自己的传播平台。我国有1400多家报社，已有170多家报社在智能移动终端操作系统上开发了App。移动媒体正一步步发展成个性化的、具体化的内容媒体的分发渠道。

二是移动媒体的传播内容可根据受众的接受、消费信息的能力，将信息资源更有层次地进行配置、传播与服务。手机报、手机电子杂志等多媒体出版物的诞生，正是满足了特定人群需要这种阅读内容与阅读方式的要求。同时，各种类型App的出现，涵盖了资讯、娱乐、学习、生活等多个方面。

传播内容的复合化特性让不少广告商也找到了投入契机，2013年12月9日，腾讯新闻客户端在微信端口有了首支官方广告。利用移动媒体的传播特点，结合内容进行广告传播与营销，与其他媒体相比将有更便捷的形式，收获更广泛的受众。

3. 个体化传播

例如手机、平板电脑等移动媒体，一般只有一个主人，即一个受众，它具有高度私密性。这也使得受众希望接收的信息能够更符合自身特点，基于他们自己的需要打造专属的内容。

在小众中，以某种共通的概念为表征，人们也许更容易找到志趣相投的伙伴，以对抗传统大众传播中试图营造的整齐划一的声音，从而舒张了个人的意愿及表达空间，促进了社会的多元化发展进程。

在数字化新媒体时代，受众的这个愿望得以实现。随着科技的发展，移动媒体在内容上的传播开始从“大众服务”到更加精准的“私人订制化”的服务，往往根据受众的自身个性需求来进行有针对性、有效的传播。

传统媒体的一大缺陷就是不能及时地与受众进行互动，以致不能迅速准确掌握受众的需求。但在移动媒体发展后，这一情况有所改变，如微信公众号后台有小编可以即时交流；手机电视、电台可以实行点播、订阅服务；定位服务能够提供周边信息；等等。这种“一对一”的个性服务使得受众无论走在哪里，都会感受到移动媒体带来的舒适。

（二）移动媒体新闻的编辑要求

1. 选择鉴审

移动媒体新闻的稿件主要来源于传统媒体和网络媒体的记者以及各大通讯社，同时也包括大量的社会自由来稿，如网民来稿、博客、论坛等。这些稿件问题新鲜、有针对性，但水平参差不齐。移动媒体的选稿有两个过程：第一次是选取，即从签约的传统媒体记者或自由撰稿人提供的稿件中进行选择；第二次是推荐，即从已有的稿件库中选择最为新鲜、重要的稿件进行发布。与传统纸质媒体相比，移动媒体因传播成本较低，稿件选择的范围更加广阔，对准确性和严肃性的要求较低。移动媒体稿件选择的基本原则如下。

（1）导向性原则

坚持正确的价值观导向，这不但是媒体原创新闻必须奉行的原则，而且在选稿上也绝不例外，不能有丝毫含糊。

（2）真实性原则

假新闻绝对不能入列，事涉媒体形象与公信力；选发选编假新闻应被视作媒体编辑的重大失误。

（3）价值性原则

价值性原则是在确保导向正确与真实性的前提下，选稿最重要的标准，应根据其新闻价值的高低来判断。关于新闻价值的定义，目前学术界公认的观点是对新闻重要性、新鲜性、时效性、思想性等各个方面所做出的综合评价。

（4）适用性原则

不同移动媒体的创办理念、创办方向、受众群体不同，所选择的稿件必须服从于媒体的自身定位及其页面特色，本质是为了满足主流受众的需求。这就要求媒体及其从业者应对自己的主流受众有清晰的认知与判断，比如年龄、性别、职业、知识水平、兴趣爱好等。与此同时，根据移动媒体终端空间有限的特性，稿件应少采用长篇大段的形式，多辅以图片、视频等多媒体信息。

2. 加工制作

纸质媒体的每一篇报道都经过一个采写、编辑和设计，并使其适合印刷报纸呈现的过程。多数的报纸发行人如今已完全能够建立起移动网站服务，对在线新闻报道进行专门处理，以便搜索引擎的使用，并且习惯于加入背景资料内容或是进行新闻内容的升级。但是媒体仍旧缺乏对于移动终端新闻的专门化处理，即使是在一些最先进的媒体也是这样。很多媒体负责人发现，与其仅仅让内容从桌面互联网“顺流而下”流淌到移动终端，不如在移动领域开始加工制作为独特的移动阅读体验而量身打造的新闻。这样的加工制作需要以下几个步骤。

（1）修改内容

核实新闻事实，修正其中的思想观点。移动媒体编辑要把握好有关的政策、法规界限，认清事物性质，具体问题具体分析。要注意稿件中的说法、做法是否符合法律、政策及上级的有关规定；在生活中能否行得通、用得上；实行时是否有负面影响。由于移动媒体交互性强，传播速度快，一旦出现错误很难回头更正，最容易造成媒体声誉受损，因此尤其要注意细节，细节决定体验，体验决定用户，一个错字、一个标点都不容忽视。

（2）制作标题

移动媒体新闻标题一般参照网络媒体新闻标题进行制作，其特点在于：超文本链接的分布方式，题文分离，多以一行实题为主，具有多媒体优势。由于只能做一行题，且字数有限，做得不好，如“××× 再上新水平”“××× 成绩显著”“××× 闪亮登场”等套话，流于空泛，给人以似曾相识之感，很难吸引网民阅读。同时存在的另一种极端是“语不惊人死不休”，刻意追求标题的冲击力、渲染力，“冰火两重天”“惊现”等词频频出现，剑走偏锋，有失新闻的真实性。有人甚至在标题中以赵薇、刘德华“私生女”为饵，其实不过是长相相似或演戏时的同剧组的小朋友而已，题文不符，矫揉造作，反而给读者带来一种莫名其妙的感觉。标题“不作为”也罢，过分渲染、做假，其客观效果都是标题的失准甚至失实。因此，标题制作须首先避免上述种种毛病，才能做到恰如其分、准确无误。值得注意的是移动媒体标题党的出现，“标题党”即互联网上利用各种颇具创意的标题吸引网友眼球，以达到各种目的标题制作者的总称。标题党制作的标题有的新颖幽默，带给读者不一样的阅读体验；有的却严重夸张，缺乏真实性，甚至借此进行违法犯罪活动。具有职业素养的网络新闻从业者应杜绝类似行为。

（3）制作专题

所谓新闻专题，就是在深度报道的理念指导下网络新闻等相关信息的有机组合，也是网络各种传播方式的有机组合。它通常围绕某个新闻事件或社会上存在的某种现象和状态，在一定的时间跨度内，运用消息、通信、背景资料、述评、评论等文体，调用文字图片、声音、视频等表现形式，并结合电子公告牌系统等互动手段，通过页面编排与栏目制作，进行连续、全方位、深入的报道。网络新闻专题有巨大的信息容量，使传统大众传媒介相形见绌。

（4）添加多媒体信息

在移动媒体新闻中添加视频、动画、图像、声音等，能够有效提升关注度，一些需要用长篇文字阐述的抽象概念也可以用它们加以软化。编辑要有意识地在文章中加入多媒体信息，以调节读者的阅读节奏。

3. 策划组织

广义的移动媒体新闻组织策划包括对移动媒体的受众定位、经营方针、产品（如手机、平板电脑等）设计、制作与营销、广告经营、员工构成、内部管理、资产资金、技术设备，以及其他各类经营活动和社会活动等，进行运筹和规划。

但若将研究的客体落实到移动媒介运作的各个方面就过于复杂了，而且这项研究还会与新闻传播学中的其他子学科，如媒介经营管理、广告学、媒介公共关系学的一些内容相重叠。因此，狭义的移动媒体策划就是指移动媒介对于新闻传播活动的策划和组织。根据这一定义，可以将移动媒体策划分为两个步骤。

（1）组织设计页面

移动媒体终端的页面设计不同于传统报纸的排版，且因为移动终端有着不同的屏幕尺寸（更小）、不同的用户界面（浏览靠点击），以及不同的周边环境（可能周边环境会比较嘈杂），所以移动终端的报道呈现形式可能会有所不同。要更便于浏览，信息要更为精要，段落要限制长度。正如《波士顿环球报》的戴蒙·基斯所指出的："你最忠实的那部分读者，不管你的媒体形式如何，都会阅读你的内容。要想到达新的、更大的受众群体，你需要让受众的移动阅读有理想的体验。"很多新闻组织正在探讨一种说法：移动媒体内容的"原子单位"，或者说能够单独成篇的最小的构成单位。传统上，这种单位应当是一篇文章。但是很多移动媒体发行人认为移动新闻的单位可以简单到是一个段落、一幅图片、一个句子或是一个事实，这些元素可以串起来，也可以独立存在。

（2）策划新闻报道

在整个策划过程中，策划者要通过对信息的获取、传输和加工处理，完成决策、设计、方案试行等工作。方案设计阶段中，创意构思是核心。策划者要依据已经获取的信息，运用创造性思维方式，完成设计方案。现在很多移动媒体新闻网站习惯于照搬传统媒体上的文章，认为可以减少策划成本。但长此以往，读者便不会青睐这些信息复制品堆砌起来的网站，转而将注意力投向拥有独特精良内容的移动媒介。要提高选题决策水平，首先要善于发现和获取新闻线索，其次要根据所掌握的线索，对与此相关的各方面情况进行调查了解，再在此基础上作出分析，最终确定报道选题。选题决策系统包括报道背景性信息、报道主体信息、报道环境信息（政策性信息、竞争者信息）和报道受体信息（需要性信息、期望性信息）。腾讯新闻的2014年元旦新闻策划就是一个成功范例。针对2014年元旦，腾讯新闻采用多媒体的综合呈现方式，推出了专题策划"2014年元旦"，与其他门户网站的同主题报道相比，这则策划在内容和技术方式上都有独到之处。在内容上，这则专题有机整合了资讯、娱乐、服务等各类信息，综合性强，其中有几个栏目设置得很有新意。其一是"跨年演唱会"，由于各大卫视的跨年演唱会的播出时间较为集中，受众不可能在同一时间收看各大卫视的跨年演唱会，而这个专题则精选了各家卫视跨年演唱会的精华和主要噱头，满足了受众对于跨年演唱会的期待。其二是“开年大戏”，这一部分简要介绍了开年大剧的播出卫视和主要剧情，给受众假期的收视娱乐提供了有效的参考。其三是“童话 2013”，通过采访孩子们一些关乎国计民生的大问题，在孩子们天真无邪的回答中带领受众回顾刚刚走过的 2013 年，从而汇成一部“童话”。

4. 收集反馈

移动媒体新闻媒介具有传统媒介无法匹敌的交互性，它们与用户的距离很近，收取用户信息十分方便。对反馈信息的收集，一方面能促使移动媒介生产符合受众需求的信息产品，提高用户体验，提升受众黏性；另一方面也有利于社会舆情监控。移动媒体反馈的外在形式多种多样，受众浏览新闻网站时的反馈可以从他们点击页面的次数和程度表现出来；浏览新闻客户端、论坛、电子公告牌系统时是否发帖回复也可体现出话题是否具有足够的吸引力。

澎湃新闻手机客户端就为受众提供了评论、提问、分享、点“赞”的功能，受众由此得到了更大的自由表达空间，这种反馈更具个性化，在传播反馈机制双向性上更为突出。

移动媒体和社交媒体之间有着千丝万缕的联系，这使得反馈影响可以随时随地发生病毒式蔓延，因此任何有远见的移动媒体都会重视社交媒体在信息传播中的作用。任何关于服务于使用智能手机人群的讨论，几乎都要从社交媒体开始。使用社交媒体来与别人进行交流是最受欢迎的智能手机的使用目的，这比玩游戏、购物、浏览新闻更受欢迎。根据尼尔森数据的统计，美国智能手机用户花费在 Facebook 等社交媒体 App 上的时间，是他们花费在新闻 App 上的时间的 14 倍。智能手机用户平均每月在 Facebook 上花费超过 15 个小时的时间。目前，美国华尔街日报媒体融合主编莉斯·赫伦已将“华尔街日报”与“Facebook”这两个领域融合起来。赫伦认为移动和社交功能应当联系起来，受众行为和受众自身经常是重叠的，它们也是目前新闻收集和生产中最容易产生混乱的方面，也是最具潜力和创新需求的领域。

（三）手机客户端的新闻编辑

1. 手机客户端新闻的要素

手机客户端新闻通常包括界面、图标、频道、标题、作者或来源、图片、引言、正文、视频、互动、发布时间等要素。综合、专业、聚合三类的手机客户端新闻的要素组成略有差别，不同的运营商出品的新闻资讯客户端的设计方式也会有所不同，但是总体来说大同小异，基本都包含了以上要素。

2. 手机客户端新闻的编辑要求

（1）视觉上做减法不做加法

手机客户端的风格要求简单明了，带给客户方便、快速的使用体验。这也是由手机客户端的移动性与手机阅读的碎片式所决定的。新闻资讯手机客户端简洁的设计、精悍短小的内容、便捷的呈现方式，能够更好地贴合受众在不同移动场景中的使用习惯，满足受众对语境的要求。

视觉上做减法不做加法，如果一个功能不是超过 50% 的用户都会使用，则需做减法，不能让用户对当前功能的使用方法产生疑惑。在首页或者正文中的链接和按钮，要让用户在点击之前就知道它代表什么。

慎用图标，图标占用界面的空间很大，太多会显得繁杂，因而有效、谨慎地利用图标表达意思显得格外重要。

（2）强化可读视性

随着图像压缩和视频传输技术的不断发展，单纯的文字表述已经很难吸引受众。“图文并茂”是手机新闻客户端最重要的功能之一。新闻客户端呈现多元化走向，图像、音频、视频与文字有机地结合在一起。

以搜狐新闻客户端为例，3. 7 版本正式上线后，“视频”已成为和“新闻”“订阅”频道同等重要的阅读入径。56 网等视频媒体及搜狐播客等自媒体的入驻使其内容更加丰富，并按照内容的不同将视频分为“热播”“搞笑”“娱乐”“体育”“美剧”“综艺”“电影”等类型，用户可根据兴趣选择观看不同频道的视频栏目。

（3）注重新闻资讯的即时更新与推送

新闻客户端被阅读的时间间隙短、更新时间快，因此新闻资讯的即时更新就显得尤为重要。网易新闻是每隔 30 分钟更新一次，但有突发新闻事件则会即时更新。更新时，要注意更新内容的选择，应该与前一时段的新闻具有差异性，不让受众重复阅读，但是重大新闻事件又应当具有连续性，例如在马航失联一事故中，各大新闻网站就实时更新、连续报道，形成了专题。

而新闻首页的更新则应注意涵盖多方面的新闻话题。

新闻客户端的推送消息多以“标题＋导语”的方式简明扼要地概括新闻内容，

使用户无须打开新闻客户端即可掌握最新资讯。用户可以根据自己的需要选择是否接受新闻推送，是否接收订阅频道的消息推送。同时，应该对每个视频和音频都标注时长或大小，提供离线下载功能，用户可根据所处的网络环境来选择直接收看还是离线下载。

（4）有效的新闻信息聚合及本地化新闻

用户可以根据自己的喜好订阅和排列不同类别的新闻内容，这即是新闻资讯类手机客户端所具有的“频道”功能。根据用户所订阅的频道来为用户提供有效的新闻信息聚合和推送，差异化、个性化是手机客户端新闻的重要特点，每一条新闻都要有它的类别归属。频道的归类和划分直接影响着用户的体验好感度，不同的新闻资讯类手机客户端的频道分类不同。

移动网络可以通过特定的定位技术来获取移动终端用户的位置信息（经纬度坐标），然后利用这个定位，为终端用户提供个性化新闻。目前，在移动新闻客户端中，用户可根据自己的位置和自己所关注的城市来订阅当地新闻。地域接近性是新闻价值中一个很重要的方面，比起国内外众多热点资讯，用户也许更关心发生在自己身边的新闻。

从本质上来说，本地资讯和频道订阅一样，都是为了实现差异化和精准化而进行的个人新闻定制，目的都是与用户需求更加匹配。“内容为王”已经很难单独支撑优势体系，“差异化”才是精准定位用户群体、形成品牌口碑及增强用户黏性的关键。

（四）平板电脑的新闻编辑

1. 平板电脑新闻的形式

客观地说，平板电脑并不是专门用来传播新闻的媒介，但是平板电脑带来的新闻阅读体验和移动传播效果却是颠覆性的。

目前，平板电脑的新闻客户端中，数量较多的是传统报纸、杂志和电视台频道、栏目，这其中又以报纸和杂志为重。这类报刊新闻客户端把传统纸质版的内容搬到平板电脑上，做成应用程序的形式向用户出售，用户通过下载每个报刊的独立客户端来浏览、阅读。这一形式已经成为各大传统媒体争夺互联网重地的主要形式，凤凰新闻、澎湃新闻、纽约时报、金融时报等都有自己的新闻客户端，提供收费或免费的新闻资讯。

另外，还有网络媒体的新闻客户端，有两种形式：集成平台类和实时新闻类。

集成平台类的网络媒体新闻客户端主要通过采集各大媒体的内容为读者提供个性化新闻服务，如网易新闻、ZAKER、鲜果联播等；实时类新闻客户端更注重新闻的时效性，如今日头条、即刻新闻等。

2. 平板电脑新闻的编辑原则

平板电脑不同于传统媒体之处在于，它极大调动了人们的视觉、听觉和触觉，将阅读转化为了较往常任何时候都更私人化的阅读过程。因此，强调用户体验成为编排平板电脑新闻内容与页面的出发点，这也是扩大平板电脑阅读范围与深度的利器。为了适应新的传播介质，编辑对于平板电脑上的数字内容需要从用户角度出发重新思考，以易读性、易用性、视听享受和交互性为原则，另行安排内容生产。

（1）易读原则

快节奏的现代生活和平板电脑的便携性使人们的阅读节奏也随之加快。易读性，即要求新闻信息易于发现、易于接受、易于理解的程度。它不仅指文本内容的轻松化、明晰化和趣味化，还包括良好的信息展示方法和简洁的外在表现形式。以在 iPad（苹果平板电脑）用户中广受欢迎的 Pulse 新闻阅读器为例，这个新闻阅读器只能添加最多 20 个 RSS（聚合内容）源，以防过多的信息为用户带来困扰。另外，Pulse 还充分利用了 iPad 的大尺寸触摸屏，以图文结合的形式按行列出每个 RSS 源的最新内容。只要打开应用，用户关心的内容便一目了然。而当他们点击一篇自己感兴趣的文章时，既可以查看干净的纯文字版本，也可以轻松切换到文章所在网页中。简洁、易读、风格突出，这些优点让 Pulse 鹤立鸡群，迅速登上付费应用榜的首位。

（2）易用原则

要想吸引、留住继而黏住用户，易用性是每一款产品进行设计时重点考虑的方面。例如，平板电脑的页面切换和按钮点击是靠手指触碰来完成的，但是每个人的手指粗细却不相同，当肥大的手指遇上“娇小”的按钮时，易用性就会出现问题。类似的问题还有很多，比如用横向滑动还是纵向滑动？使用幻灯片呈现图片还是用缩放展示图片？应从用户体验角度考虑，必须将采用什么样的设计，达到什么程度的易用，与新闻产品特性结合起来。

实现易用性还有另一种途径，就是模拟真实的事物。“当一切越接近真实世界时，用户的学习成本越低，产品的易用性就越好。”依照这个理论，在平板电脑中，“相册”就是一堆照片，书就是书架上有封面有形状的书籍，一切物体具有真实的材质纹理，一眼看去与实物毫无二致，操作也就顺理成章了。这也是为什么现在很多报纸、杂志倾向于将纸质原版放到平板电脑中，为用户呈现原汁原味的报刊版面。还有不少平板电脑的新闻客户端在模拟实物的静态外观时，提供给用户动态翻页或滑动的选择，这种平衡动静的设计极大地减少了使用障碍，增强了用户对于电子产品的使用享受。

（3）交互原则

通常对“交互性”的定义，是看用户能在多大程度上对内容进行控制。但是这种交互不只是人与信息的交互，还有人与平板之间的互动。平板电脑新闻并不是简简单单地看与听的过程，而应该加入了用户的自主选择和亲自执行的过程。

以南方周末新媒体有限公司针对 Pad（苹果 iPad 2.0）平台量身打造的“南周阅读器”为例：虽然这个应用程序在内容提供环节还是以传统的编辑为主要渠道，界面设计也和真实报纸趋同，但是我们能够看到它在电子编辑时代所做的努力 —— 手势控制页面开关，实时更新当下热点新闻，推荐各频道的“十大热门”文章，转发、分享、评论、离线阅读、加星收藏等互动工具将“单向”的新闻传播变为了“一点多向”的传播，实现了个人对机器的动态运用和个人对个人的实时分享，在这种交互过程中，新闻受众的地位得到了空前的提高。

（4）视听享受原则

尽管 iPad 还不能全面支持 Flash，但这不能阻止用户对平板电脑多媒体视听的享受。平板电脑用户，尤其是苹果用户，对于阅读界面几乎有着苛刻的要求。因此，平板电脑新闻的编辑不仅需要注重内容编辑，同时还要注重内容形式的包装，尽可能将平板电脑的硬件优势发挥充分，实现最大的视听享受。

以上海报业集团旗下“界面新闻”的平板客户端为例，每天有大量新闻、生活、娱乐、观点、创意资讯，这些内容不局限于文字、图片的简单呈现，而是包含大量多媒体和互动内容，如原创高清视频、高清全屏图片、社交网络共享、与记者的互动追问等。又如“南都 DAILY”主界面背景能够根据用户所在地位置，实时呈现相应精美的天气场景，“南都 DAILY”这种“很酷、很炫、很精美”的界面不仅受到了青年人的追捧，平板电脑的新兴用户群 —— 中老年群体也惊喜于这样人性化的精良设计，从而成为“南都 DAILY”的忠实用户。

3. 平板电脑新闻的编辑与排版要求

目前而言，以平板电脑为载体的新闻传播有其独特的编辑方式，我们可以将其概括为“基于数字技术的新型编辑模式”。

目前，平板电脑新闻客户端的版面大致有三种处理：第一种是对传统新闻的“克隆”，即将传统新闻内容一模一样地照搬到平板电脑上，保留原来的版面，无论竖放还是横置，画面都不会发生变化；第二种是针对 iPad 的“改造版”，即在原有内容基础上，针对平板电脑的尺寸和特性，重新编排布局，有选择地展示内容；第三种是“杂交”混合传统排版和平板电脑的版面，以传统新闻为基础做内容和功能的延展，既展示原汁原味的内容，又有精华推荐内容和动态即时新闻、还可以进行评论。

（1）平板电脑新闻的版式编辑

平板电脑新闻客户端在版式编排上是非常机动灵活的，根据不同的受众需求、新闻特点和技术条件可以有多样的编排方式。平板电脑新闻常用的编排方式有等分编排、范式编排、全幅式编排和头条式编排等。

①等分编排

等分编排就是将页面均等划分为若干个版块，适合用于栏目分类、新闻分列等，形成整齐划一的视觉效果，使分类更清晰易读、避免杂乱无章感。

②范式编排

范式编排是将页面按“横三竖二”或“横四竖三”进行分栏设计，栏宽自定义，比规整的范式编排更多了一些变化和灵动。

③全幅式编排

全幅式编排，即整个页面是一张大图片或一篇文章的图形版，这一版式通常用于展现重要的新闻内容或深度报道、新闻评论等，重点明确、单一，能够凸显重要性。

④头条式编排

头条式编排，即用大幅照片配以标题和正文摘要作为头条，占据页面大块位置，起到突出重点吸引注意力、快速导读的作用。

（2）平板电脑新闻的摘要编辑

为了快速浏览，大多数报纸、杂志、新闻客户端都会设计一个封面页或首页作为当天报纸或新闻的导读，采用“标题 + 新闻摘要”的编排方式。通常，标题与传统媒体的标题不会有太大差别，而摘要的编写则大致有三种方式。

① 5W 式摘要

将何人、何时、何地、何事、为何在摘要中予以交代，以简洁的语言说明、概括事件的大致状况，争取在 5 秒的快速阅读中让读者了解新闻的基本内容。

②悬念式摘要

用最吸引人的兴趣点来设置悬念，吊起阅读者的胃口。有重点地说其一点而不加更多解释，甚至通过合理地设置问题，勾起受众对悬念探究的心理，以激发阅读兴趣。

③要点式摘要

摘录文章中最具价值或最中心的一段话，直接编写为摘要，直接明了，紧扣新闻主题。

（3）平板电脑新闻的排版要求

适合平板电脑阅读的新闻多是一些高时效性的实时新闻，其新闻内容更短小精悍、传播速度更快、阅读深度相对较浅。根据这些特点，平板电脑新闻的排版要求可分为以下两个要点。

①融合平板电脑自身优势，让新闻“动”起来

平板电脑本身具有包括多媒体展现、网络媒体图片资源丰富、视频资源充沛等特点。利用这些优势，在编辑平板电脑新闻时，可以在导航中加入图片和视频，以便用户快速、直观地掌握新闻；或者以“视频”“图片”等小标识引导用户点击观看。通过网络资源的融合运用，让新闻内容丰满起来，让新闻表现形式“动”起来。

②增大页面容量，注意多篇报道的比对

即时新闻出于对时效性的追求，在细节、深度上有所欠缺。通过对多新闻源的并列呈现可以弥补一部分细节的缺失，让读者通过不同报道寻找、感受新闻细节，并在比对中探索新闻的深层信息。而要做到多篇报道并列呈现，就需要足够的版面。可以运用平板电脑的触控技术，通过上下、左右滑动增加页面容量。

第三章　当代媒体环境下的电视新闻生产创新

经过几代电视新闻从业者数十年的不断探索，电视新闻逐渐形成了一套以我国具体国情为依托、相对稳定的生产模式。这种电视新闻生产模式根据社会的发展和电视新闻产业升级的需求，一直在不断完善和优化，力求生产模式的稳定性。但是，进入21世纪，尤其是近几年来，随着新媒体技术和受众观念及传播渠道的变化，新媒体不断挑战电视新闻的权威，不断挤占电视新闻的空间，两者之间既相互激烈竞争又相互融合。因此，在当代媒体环境下加快电视新闻产业的升级步伐，加大电视新闻生产创新力度成为当务之急。

第一节　当代电视新闻生产受到的影响、面临的问题

一、当代电视新闻生产受到的影响

在新的媒介环境中，传统电视的地位无可避免地要发生变化。不用媒体人士的专业解读，普通人都不难看出传统电视新闻媒体在新媒体环境中的生存空间受到了挤压，新媒体打破了传统电视新闻媒体的媒体霸权，使传统电视新闻媒体在收视率、经营收入、受众结构、收视习惯等诸多方面发生了重大变化，传统电视新闻媒体受到了前所未有的影响。新媒体更加受到大众欢迎，而传统媒体正在逐步淡化，承受着越来越大的压力。新媒体正利用不断发展进步的网络技术日益体现出自己的优越性。在新媒体大发展过程中，媒介已经不属于稀缺资源，受众也成为新闻生产的参与者，受众作为消费者，实际上已经成为媒介发展状况的决定因素。

传统媒体在时间上的即时性不如新媒体，而且传统媒体无法体现个性化，节目按照节目组的方式来表达，不能很好地考虑到观众的感受。新媒体则更加注重

受众的看法，受众不仅可以根据时间、地点来选择自己想看的节目，还可以在线发表自己的感受和看法，这也为今后节目的制作提供了更多的依据。并且，受众通过新媒体能够接收到立体化和多样性的信息，信息的表达有文字、视频等方式，如果受众觉得只看文字不能满足需要，可以去搜索相关的视频来看，还能表达自己的看法，从而实现看、听、说的“三位一体”。之前，人们主要通过电脑来接收新媒体的信息，而现在智能手机的迅速发展，使得信息通过小小的手机也能迅速传播。只要带着手机，能接收到信号，用户就能选择和获取想要的信息。智能手机里面的各种新闻客户端软件，使用户足不出户就可以纵览天下事。可以说，在传统媒体上能获得的内容，在新媒体上也能获得。有的报纸开始发行电子版，这也进一步说明传统媒体看到了新媒体的优越性，并开始改变自己的传播形式。现在，看报纸的人越来越少，人们也不再局限于通过电视来看新闻，而更倾向于通过手机等移动终端看新闻、看节目。

由此可见，电视新闻生产受到新媒体的影响不只是推测，而是已经成为显现的事实。电视新闻生产的直接目的是生产电视新闻产品供受众使用，要探究新媒体环境下电视新闻生产受到的影响，必须要沿着新闻产品这一要素思考与这个路径相关联的几个关键因素：电视新闻产品的使用者——受众、电视新闻产品的竞争力——媒体引导、电视新闻产品的效果——广告收入、电视新闻产品的制作要素——技术。

（一）受众影响——传统电视新闻用户快速流失

近几年，在新媒体用户快速增长的同时，传统电视媒体用户人数却不容乐观。据艾瑞调查数据显示，面对新媒体的冲击，北京地区电视开机率从2010年的70%下降至当前的30%，而全国的电视收视率年均下降13%左右。与之相反，2016年至今，网络视频的收视率以每年300%至400%的速度增长。面对用户的流失，即使是国内传统电视权威传播平台的央视新闻频道也同样感受到了压力。

（二）产能影响——电视新闻媒体引导力渐弱

过去，传统电视媒体拥有着强大的覆盖受众和权威信息的独家发布权，被赋予“喉舌”功能，收看电视也是人们最能感受到社会舆论倾向的方式。而新媒体的出现，慢慢改变了这种现象。新媒体正在不断完善，越来越体现出自身的优越性，使传统媒体的发展面临更大的威胁。

占领主流舆论的已经是新媒体，这在一定程度上“稀释”了传统电视新闻媒体的权威性和引导力。过去的一些主流传统媒体开始慢慢走向没落。传统媒体是过去那个时代的宠儿，现在是科技迅速发展、网络不断推进的时代，需要的是与现代先进技术相结合的产物。人们也不再像过去那样，仅仅通过有限的传统媒体了解这个世界的变化，而是有了更多更好的选择，通过新媒体跟上当今时代的发展，摆脱了传统媒体的束缚。传统媒体的魅力也只属于过去那个时代，被新媒体超越已经成为事实，以至于 Twitter 中出现了“失败的 CNN”的标签。正如有评论指出的，以前 CNN 对进入世界上某些地区享有专权，如伊拉克，自由职业者进不去，本地报道出不来。现在，本地人已经获得了报道自身新闻的力量，不管是通过 Twitter 还是手机，CNN 的专有进入权被极大瓦解了。

而与传统电视新闻媒体趋于衰落形成鲜明对比的是，新媒体还在全球进一步扩张。

（三）经济影响 —— 电视新闻媒体广告收入下滑

电视新闻媒体不仅面临受众群体和舆论引导力两个指标的式微，另一个展示媒体实力的指标 —— 广告收入也令人堪忧，因为愿意赞助的广告商减少了。据调查，近年来，电视台在广告方面的收入不容乐观。与之相对应的是越来越多的网络媒体在该方面的收入不仅很高，而且还在不断增加。由此看来，网络媒体的兴起和发展已经开始冲击电视媒体了，而且这种冲击将会越来越大、越来越强。在这种情况下，网络媒体更有经济实力参与同电视媒体的竞争。

（四）技术影响 —— 电视技术阻碍与受众互动

从诞生之日起，电视媒体就是一种对技术依赖度很高的媒体，在电视节目制作的全过程中，每一个环节、每一个步骤都是和技术因素密不可分的。电视媒体通过摄像的拍摄制作成电视节目磁带，再通过卫星传输设备，使电视节目信号传输到千家万户的电视屏幕上，这一过程中无论何种缺失，都可能使电视节目信号无法顺利到达受众面前。这直接导致了电视媒体与受众之间的单一传受关系，受众在指定的时间 —— 节目表，指定的地点 —— 电视屏幕，被动地接受电视媒体传播的信息。而电视媒体则高高在上，以自我为核心，代替受众去决定制作什么样的节目，播出什么样的节目，在哪里播出节目，等等。这种技术因素造成的传受之间的不平等关系，已经完全不能适应新媒体环境。新媒体环境已经重构了传受之间的关系，受众不再是被动的信息接受者，而是一跃成为信息的选择者，甚至成为信息的生产者和发布者。

二、当代电视新闻生产面临的问题

（一）各自为战，信息难以共享

信息难以共享是我国电视新闻生产诸多问题中，目前最被诟病的问题。当今世界，俨然已经成为一个地球村，信息的传播速度、传播广度、传播深度都已经发生了深刻的变革。而电视新闻媒体却依然按部就班，部门条块分割，各自为战，彼此封闭，这直接导致新闻生产流程运行不畅，遇到各种“梗阻”，影响着电视新闻生产的效率和产品的质量。这样的状况，在电视新闻媒体占据权威地位的往昔还显露不出问题，因为独此一家、别无分店的局面，让受众只能被动接受电视新闻媒体。而在新媒体当道的今日，电视新闻媒体如果还放不下这样一种唯我独尊的架子，显然已经无法得到广大受众的认同。

由于电视新闻的采制是一项需要团队共同完成的工作，这就导致参与的部门和环节众多。在电视新闻媒体中，各类新闻线索和各种信息前期长期分散在不同部门、不同科组、不同记者的手里，使得信息都成为一个一个的“孤岛”，而不能被有效地利用起来，更不用说实现前后期、各部门之间的联动共享。新闻工作者应该通过共享信息，从信息中衍生新闻的价值，一起从信息的富矿中源源不断地挖掘出更多有价值的新闻。

新闻线索分散在电视新闻媒体中不同的地方就好比生产新闻产品的原材料放在不同的库房一样，再加上各个库房之间没有进行有效的沟通，参与新闻生产的人对于原材料的数量、位置这些最基本的信息都不清楚，结果只能是新闻生产没有充足的原材料，这就犹如“巧妇难为无米之炊”，出现问题的是新闻生产流程，最终受影响的是电视新闻产品的质量。在日常电视新闻生产中，这种弊端还不明显，但在突发性新闻报道中，信息共享不畅的问题就显得尤为突出。

不仅是突发新闻，在很多重大活动的报道现场，同时出现多支央视报道队伍的情况也时有发生。

信息共享不畅造成的另一个严重后果就是前后期的脱节，也就是大家常说的记者盲目、编辑被动。前期记者不知道什么新闻是后期，乃至最终受众所需要的，只能根据自己的新闻线索或者制片人的工作布置去盲目生产。而后期的编辑也有同样的困惑，不知道记者手里有什么好的新闻产品，可以供自己选择制作。编辑需要某个必不可少的新闻，也不知道哪个记者正在采制。结果，只能是记者获取了什么新闻，就供给后期编辑什么内容，后期编辑只能从这些有限的内容中被动地选择一些能播的新闻产品提供给屏幕前的受众，很少考虑受众对于这些新闻产品接受的意愿。由此可知，电视新闻生产流程中各自为战、信息难以共享的最终结果就是新闻信息损耗大，随意性大，流程的各个环节都存在盲目被动、拖沓延缓的状况，新闻产品的时效性自然无法保证，更遑论新闻产品的质量和市场竞争力了。

（二）目标不明，生产脱离实际

对于传统电视新闻生产流程来说，采编是整个新闻生产中最核心的环节，记者、编辑也是整个新闻生产流程中重要的参与者，但由于目前已有的新闻生产流程在开放度、透明度、参与度等诸多方面都有待提高，就造成了流程的参与者没有一个明确的新闻生产目标，生产出的新闻产品很多是脱离实际的。好比一个没有充分进行市场调研的工厂，在没有产量、规格、交货时间等明确的生产目标指导下，完全根据自己的判断盲目生产，这种脱离实际、闭门造车的产品自然无法通过市场的检验，得不到顾客的欢迎，最终滞销在库房里。产品的滞销会导致工厂经营不善，乃至最终破产。电视新闻产品的滞销一样也会导致电视新闻媒体在受众中信誉的破产，被受众所唾弃。一个没有受众基础的媒体是没有存在价值的，这也是当前电视新闻生产流程面临新媒体挑战的一个主要方面。

电视新闻生产脱离实际的现象很普遍，特别是在国际新闻采制中比较常见。为了满足建设国际大台的需要，央视新闻频道近几年陆续招募了大批驻外人员，并建设了以欧洲、美洲、非洲、亚太、中东五大分台为主，世界各重要地区城市为辅的海外庞大报道网络。本来这是一个拓展央视新闻频道报道能力的绝佳机会，但在招募之初却留有隐患，因为招募的大多是外语人才，他们没有新闻基础知识的储备，加上很多人都是应届毕业生，没有工作经验。这些记者到达国外后，由于很多人完全没有新闻工作的意识，无法组织有效的新闻生产。即使有的人展开了工作，也没有明确的目标，而是想当然地以为什么内容都是可以采制的，导致许多介绍所在国风土人情、不知所云的新闻产品源源不断地被传回央视新闻频道。

不仅日常新闻有闭门造车、生产脱离实际的问题，很多特别节目也存在没有充分论证选题、盲目上马的问题。央视新闻频道曾经连续数年推出钱塘江观潮的直播特别节目，独家的电视直播视角，震撼的大潮直播画面，让很多没有机会亲临钱塘江大潮现场的受众在屏幕前过足了眼瘾，取得了收视率和社会效果的双丰收。这样的结果让一些采编人员感觉像是发现了新闻题材的富矿，想当然地把大潮的题材继续做大，策划出了一个包括钱塘江、亚马孙河、恒河的世界三大观潮方案。钱塘江大潮已进行了多年直播，节目组想突出新意，于是瞄上了位于南美洲的亚马孙河，准备海陆空、全方位揭开亚马孙大潮的神秘面纱。为了这个探潮亚马孙的直播特别节目，央视新闻频道建了一个庞大的直播团队。这个完全脱离国内受众实际的节目策划从开始就遇到了各种困难，包括直升机传输信号不稳定，当地当年雨量不足，潮水不大，等等，更意料不到的是经过精心准备的节目刚刚播出没几期，四川发生了芦山地震，观众的吸引力就被带走了。刚开始，央视新闻频道还想把这个已经付出了大量人财物的节目继续下去，没想到却引来社会各界舆论的一片质疑，认为央视新闻频道不关注国内的地震，却关注国外一个不是新闻的事件，更何况连当地都从来没有新闻机构做过这个题材，最后探潮亚马孙的直播节目在这种局面下只得草草收场。

在传统电视新闻生产过程中，生产脱离实际的现象很多，这是由电视新闻媒体长期以来的强势地位所决定的，传播者认为播出什么，受众就会接受什么，完全没有站在服务受众这个角度去考虑新闻的生产。在当代新媒体环境下，这种不考虑受众感受的电视新闻生产必定会导致电视新闻媒体走向末路。

第二节　全媒体融合下的电视新闻生产流程再造

一、策划流程再造——“大编辑部”运作

随着电视从栏目化逐渐走向频道化，电视新闻的生产也发生了相应的变革，由过去以栏目为主的封闭生产变为了以频道为主，对信息、人员、设备、时段等资源进行统一配置的流程化生产。数字化技术的发展和全媒体的融合为电视新闻进行深度加工、批量化生产及实现信息共享提供了技术保障。数字新闻网络在各个电视台得到普遍应用，电视新闻更新了采集、编辑、播出、监管等业务环节，极大地提高了电视新闻媒体的资源整合能力，使得各个制作单位可以更有效、更及时地利用新闻资源，此种情形下，电视新闻生产的“大编辑部”运作成为一种

必然。

所谓电视新闻的“大编辑部”运作，是指将频道下的栏目在统一的编辑部部署下，使电视新闻内容一次生成、多次发布、全媒体利用，它有利于减少不必要的中间环节与资源损耗。

目前中国的电视台在机构设置上除了新闻部外还有编辑部，由于我国新闻媒体惯常存在“重采轻编”的思想，编辑部的主要职能是修改稿件和撰写节目串联单。编辑只能在新闻采制后做些被动机械的工作，而记者的新闻生产由于缺乏统一的部署，往往犹如一盘散沙、毫无重点，做成的新闻作品让编辑们只能牵强附会、生拉硬扯，使得节目失去有机整体性。在这种情况下，“大编辑部”意识的树立显得尤为必要。“大编辑部”运作通过精心策划与编排，使频道下各个栏目形成一个系统，互相配合，达到最佳的传播效果。编辑根据新闻意图将新闻选题策划、采制和后期编播的各个环节进行有机的部署调控，可以实现资源利用的合理化和有序化。

在全媒体融合背景下，海量信息的出现使得电视节目信息的筛选制作都需要统一整合。而数字技术背景下“大编辑部”运作主要包括以下步骤。

（一）商讨确定选题

毋庸置疑，好的选题能够吸引受众，好的报道角度能够使节目获得观众认同，因此，选题会议在“大编辑部”运作中必不可少。编辑部负责人每天要根据不同的新闻信息（已经发生和将要发生的），同相关的栏目负责人、采编部门负责人讨论报道的选题、节目类型、报道视角、播出方式等。“大编辑部”的一大特色是整合联动，即同一条新闻通过不同的报道角度应用于不同栏目，通过选题会，负责人确定同一新闻事件在不同的传播媒介，如传统电视、IPTV、手机电视及网络新闻频道等的不同策划方案。

（二）新闻信息采集

在新闻选题确定后，“大编辑部”开始安排新闻的采访记者，记者再根据相关任务确定采访对象与采访时间，相关细节记者可以自己灵活调整，但是关于采访的相关问题，记者与编辑都要进行沟通。在全媒体融合背景下，媒体的融合使“大编辑部”运作实行采编播分离，但是记者必须受编辑指导，根据编辑的要求采集新闻。采访前，记者就采访内容、采访对象、报道角度等问题与编辑沟通，并根据相关要求进行采访，而在采访过程当中记者还要实时向编辑反馈动态，使得编辑根据实际情况追加或是改变采访任务。这种实时沟通与反馈可以保证同一主题的新闻信息经过不同加工，能在不同的栏目与传播媒介播放。

（三）新闻内容回传汇总

由于数字技术的保障，记者对采访内容的回传可以实时进行，也就是说，记者在进行采访的同时将信息传输回编辑部，编辑可以第一时间对回传的素材进行快速编辑，不仅节约时间，同时还可以根据已有素材，对前方记者提出新闻的采访任务，从而保障采访的完整性与信息的全面性。编辑完的素材可以放在频道的公共内容平台上，供有需要的栏目直接使用，或是进行数字化加工处理进行播出。

（四）内容素材分配

对于素材分配，目前我国多数电视台采取“大编辑部”与栏目组协商，“大编辑部”根据规定或是选题会商量结果将原始素材或是加工素材分配到各个栏目组。在国外，也有电视台对素材进行栏目组认购制。“大编辑部”对每天的素材进行分类，各栏目根据自身需要和经济实力认购素材。这是一种市场化的运作，有利于促进素材的高质量；但另一方面，这种做法也使得某些知名节目凭借较强的经济实力处于资源垄断地位。

二、采编流程再造——“云技术”采编

“云技术”通常是指云计算技术，它是一种以便利方式实现按需网络访问，共享配置资源池的服务模型。其中的共享配置资源池包括网络、服务器、存储、应用软件和服务，通过“云”就可向用户提供廉价、高效、灵活和高拓展性的服务。

电视新闻在网络环境下，要想寻求突破，赢得受众，就应该以积极的姿态去迎接新挑战，新的技术或许可以助其一臂之力。在媒介融合和全媒体融合的大环境下，电视新闻的采编可以采用“云技术”来解决现有的难题。

在电视新闻采访方面，由数字技术与网络科技带来的全媒体融合，再辅以“云技术”，将打造出全新的融多种媒体形式于一体的数字媒体平台。“云技术”将传输网之间的藩篱打破，各种信息和资源的传递与交换在各网络之间能够畅通无阻，才能打造出真正的“融媒体”平台。

在电视节目编辑制作方面，已经历了非线性制作设备代替线性对编设备、网

络化制作代替单机编辑两次重大的技术变革。非线性编辑设备的出现极大地提高了单机制作能力，而非线性制作网络通过多台非编站点共享存储，实现了多人协同工作，从流程上提高了工作效率。这两次技术革命都带来了节目生产能力的巨大提升，使得电视台可以以更低的投入、更高的效率制作质量更为优秀的节目。随着网络化节目生产制作系统规模的不断扩大，这种共享存储式的网络逐渐暴露出一些不足之处，如很多电视台会遇到这样的问题：相同的制作网中，总有些编辑记者抱怨机器响应速度慢、操作不流畅、特技不实时、打包渲染时间长，要求提高机器配置；同时又有编辑记者感觉机器配置太豪华了，CPU（中央处理器）连 10% 都用不到，这些机器用在平时处理的节目上简直是大材小用。为什么会出现这两种截然不同的论调呢？这是因为在典型的电视节目生产过程中，大量的时间被用于素材挑选、镜头剪辑等操作，此时基本只需进行单路视频的解码，这对于目前主流的个人电脑平台来说，处理起来轻松自如。同时，每个节目也会进行片头包装、颜色校正、字幕叠加等增强表现效果的处理，这对主机的运算渲染能力有很高的要求，目前高性能的非编工作站在应对高清节目的复杂编辑处理时，也经常无法保证实时渲染，需要进行打包合成，这无疑极大地影响了编辑人员的操作体验。在非编制作网中，经常会出现部分站点计算能力严重不足，而另一些站点计算能力严重过剩的情况。如果能够统一调配运算资源，使整个网络中的运算资源按需分配到每台终端设备上，通过虚拟化技术将服务器的硬件处理能力抽象为标准化的逻辑处理能力，形成计算池，再将不同类型的处理任务分配到计算池中相应的虚拟服务器上，这样就实现了服务器运算处理能力的动态分配。对于负载较高的任务增加逻辑处理单元，对于负载较少的任务减少逻辑处理单元，从而提高了服务器处理资源的平均利用率，达到了减少系统建设成本并降低能耗的目的，这既能解决局部运算能力不足的问题，又能有效避免运算资源的浪费。

在大部分的广电系统内都有自己的上载服务器和上载工作站，但是除却工作的繁忙时段，这些设备和系统“空转”，闲置资源过多。如果运用“云技术”，服务器设备和系统能够整合，就可以动态地进行资源使用配置，使资源能够得到高效利用。而且各个系统通过整合，就能够共享资源，海量存储和利用资源，解决各个系统重复建设的问题，同时也可以化解资源浪费、冗余的尴尬处境。[①]

① 尹晓鹏，秦洋．“云技术”环境下的电视新闻采编探讨 [J]．青年记者，2013（23）：63—64.

第三节　全媒体融合下电视新闻深度报道采编创新

电视新闻深度报道是当今各种新闻媒体融合的产物，是电视新闻面临新的挑战，为改变“短、平、快”状态而积极探索的结果。它标志着电视新闻由起步走向成熟，由浅层走向深层的深刻变化。

一、什么是深度报道

深度报道（In-depth Report），作为新闻学上一个专用术语，起源于西方新闻学，是西方新闻传播媒介竞争的产物。在英美，深度报道也称大标题后报道。在法国，被称为大报道。它的雏形发端于第一次世界大战期间的解释性新闻。在第二次世界大战之后，报纸面对迅速发展的广播、电视新闻的竞争，认为只有开掘新闻报道的深度和广度，才能在与广播、电视的竞争中立于不败之地。于是，新闻报道在原有解释性新闻基础上加以扩展，从而形成了现代意义的“深度报道”。

那么，什么是深度报道呢？代表性的解释有以下几种：

其一，深度报道是一种阐明事件因果关系、预测事件发展趋向的报道形式。

其二，深度报道是一种通过系统地提供新闻事件的背景，用客观形式解释和分析来延伸和拓展新闻领域的一种报道方式。

其三，深度报道是一种以“深”见长的新闻体裁。

以上诸种解释大体上概括了深度报道的基本特征，即深度报道要对新闻事实作全面、深入的报道，它不仅交代事实，更侧重于揭示、说明事实产生的原因、发展过程及其后果、趋向等，它对事实进行解释、分析，使受众对新闻事实的本质与意义有全面、纵深的理解。这是诸种解释的共识，只是表述略异。诸种解释有争议的是，深度报道究竟是一种新闻体裁，抑或是报道形式，还是一种报道方式？笔者认为，将深度报道界说为一种“报道方式”比较合理。因为报道方式是指报道客观事物或问题时所采用的方法和形式。这就表明，深度报道既包含有各种新闻体裁形式，又有诸多体裁的组合方式；既有报道对象的独特内容，又有报道主体的反映方式。所以，深度报道是一个有特定内涵的关于报道方式的概念，而不是一个关于新闻体裁的概念。

综上所述，笔者认为，深度报道是一种系统反映重大新闻事件和社会问题，深入挖掘和阐明事件的因果关系以揭示其实质和意义、追踪和探索其发展趋向的报道方式。

另外，还有一点值得注意，即深度报道与报道深度是不同的概念，后者是对所有新闻报道本质的要求，应该是所有记者都追求的目标。

二、电视新闻深度报道

深度报道一度是报纸的优势，是报纸与广播、电视新闻竞争的重要手段。然而，面对报纸的挑战，电视新闻界也不甘示弱，它们借鉴报纸这一报道方式，结合电视特点，发展了具有电视特色的深度报道，并出现了许多深度报道的节目样式，弥补了传统电视新闻“只知其然，而不知其所以然”的客观报道的缺陷。中外电视新闻实践都有力地证明了这一点。

美国从20世纪50年代开始加强电视新闻报道，同时在电视上就出现了与动态新闻配合的深度报道，如哥伦比亚广播公司的《现在请看》节目。20世纪60年代和70年代，是美国电视新闻深度报道的蓬勃发展时期。这一时期的佼佼者是哥伦比亚广播公司创办于1968年的《60分钟》新闻时事杂志节目。节目在内容与形式上都吸取新闻杂志的长处，扩大报道面，及时反映社会热点，使此前美国电视新闻中存在的报道面窄、不能反映社会面貌及新闻内容肤浅、使人不知所云等问题得到一定的改善。美国一些社会学家甚至这样说，要想了解美国现今的社会和人民就去看《60分钟》。节目推出后在很短时间内就创下收视率的最高纪录。随后，美国其他广播公司也相继推出了各自的深度报道节目。

在我国，自20世纪80年代以来，电视新闻工作者一直在探索具有电视特点的电视新闻深度报道，屏幕上也涌现了一批具有广泛社会影响的深度报道。以1988年度全国电视好新闻评选为例，就有11个深度报道节目获奖。其中浙江电视台的四集连续报道——《七号台风袭击浙江》，以生动活泼的形式和真实、深广的内容，受到评委们的赞扬，从而获得特等奖。1989年秋后，中央电视台又以深度报道的形式，在《新闻联播》节目中开办了《弹指一挥间》《看今朝》等专题小栏目，获得了观众的好评。此后，《观察思考》（1994年4月停办）《东方时空》《新闻调查》等深度报道的新闻专栏相继推出，成为电视新闻加强重大题材报道、引导社会舆论的重要途径之一。电视新闻深度报道，是电视新闻深化改革的重要成果，其以较强的理性思辨色彩、立体化的报道、多层次的分析、多样化的表现手法崛起于电视新闻界，显示出强劲的生命力。

那么什么是电视新闻深度报道?

电视新闻深度报道是凭借声画形象，系统反映重大新闻事件和有影响力的社会问题、社会现象，通过对新闻背景的准确交代、事件因果关系的缜密探究、相关问题的恰当分析以揭示其实质、追踪和探索其发展趋向的一种报道方式。这种报道方式是把报道对象作为一个整体、一个过程来加以反映，并以此与那种“一事报”“一人一报”“一时一报”的动态信息相区别。

三、电视新闻深度报道的特点

分析众多的电视新闻深度报道，不难看出，它们有以下共同特征。

（一）题材具有重要性

深度报道所报道的事件和问题无论就其题材、主题和对生活干预的强度来说，都是比较重要和重大的。它往往通过对重大的新闻事件进行追踪调查，作整体上的解剖，使人们对这些问题有更深刻、更明晰的了解。比如江苏电视台的《军民奋力扑救南炼 310 号油罐大火》，及时生动地报道了扑救轻质油火灾及其善后处理的全过程。连续报道随着事件的进程展开，既把纵向追踪报道火灾最新动向作为主线，又横向开拓报道广度，谱写了军民合力灭火救灾的颂歌。同时，记者没有停留在事件的简单报道上，而是在火险解除后，对火灾的前因后果作了后续报道，探寻事件原因，挖掘事情真相，剖析事故责任。由表及里，层层递进，鞭辟入里地开掘事件的本质，使报道具有相当的深度和力度。

深度报道还对现实生活中的强点信息（热点、难点和工作重点）作宏观上的思考，以此引起社会的普遍关注。比如系列报道《优胜劣汰促进经济繁荣》从六个不同侧面，报道了重庆针织总厂破产所引发的一系列问题，围绕中心，有理有据地分析论证，层层深入，纵横勾连，剖析破产的艰难与必然。报道揭示了经济生活中的深层次问题，给人以深刻的启示。

选题是报道成功的关键。深度报道要给人以启发思考，引起社会巨大反响，题材的选择具有举足轻重的地位。记者要以灵敏的新闻嗅觉和对事物发展的预见性，抓住现实生活中重大的、尖锐的亟待解决的新情况、新问题，这是做好深度报道的重要前提。

（二）思辨性强

电视新闻报道的思辨性强，即对报道题材的开拓要具有深层次性，揭示新闻事实本身固有的内在联系和价值，揭示其蕴含的丰富内涵和深刻哲理，显现较强的理性思辨力度。深度报道不仅要写出五个“W”，更重要的是要回答五个“W”中的“Why”（为什么），它是新闻的五个“W”和一个“H”（How，怎么样）和“M”（Meaning，意义）的进一步深入发展。它要求记者深入采访，深入分析，深层开拓，力求分析和解释新闻现象的性质、起因、后果、趋向等，力求对社会现象、经济现象、生活现象作深层次的思考，清晰地展示出事物发展的因果脉络，深入发掘事物的本质，使报道能独树一帜，见人之所未见，言人之所未言，给人以深刻的思想启迪。这样，记者不再是单纯地、客观地报道事实，而是以“释析”的笔调剖析一连串相关的事实，揭示事物的内在意义。系列报道《优胜劣汰促进经济繁荣》就是紧紧抓住重庆针织总厂的破产实例，深入采访，调查研究，并依据事实材料高屋建瓴地分析比较，辩证地指出破产的原因，具有较好的启示性。同时，导语的运用和记者的点评相得益彰，引领观众认识优胜劣汰的深层含义。节目以理服人，切中要害，抓住了观众，表现出新闻工作者干预生活、正视现实的勇气，而这正是记者以理性的目光审视社会现实、对客观事物作出深刻思辨的结果。

客观事物是不断发展的，报道的深度其实就是客观事物深入发展的反映。新闻不仅仅是对某一事实的报道，还应包括一种新的认识。事实报道只是一种表现形式，事实后面隐藏着的应该是记者经过理性思辨而深化的认识。由此，正确认识事实，挖掘其内在本质并提出有针对性、前瞻性的见解，以引发观众的观看兴趣，启迪观众的积极思考，是电视新闻进行深度报道应遵循的原则。

（三）报道立体化

立体，原指由空间坐标系构成的三维空间，它具有深、宽、高三个方向和多个侧面。报道立体化要求对新闻事实进行多侧面的剖析，多角度的扫描，多层次的分析，力求真实、全面、客观地反映报道对象。我们知道，新闻是时代的镜子，是对现实生活的快速反映。社会生活本身的纷繁复杂，决定了存在于社会之中的人和事，都不是孤立的、静止的，而是立体的、发展变化的；客观事物之间的关系也不是单因果的，而是多因果的。因此，深度报道应立体地反映客观事物，全方位地透视生活。具体地说，它不是简单地报道事件的结果，而是着重于过程和原因的分析，对事物进行多角度、多方面、多因素、多变量的系统考察，以求得对该事物的全面认识。

《优胜劣汰促进经济繁荣》这组系列报道，抓住优胜劣汰促进经济繁荣这个主题，全方位地报道全国最典型的破产企业重庆针织总厂，用“解剖麻雀”的方法，从六个不同的侧面，层层深入地引发观众进行思考。节目开门见山，抛出“对当前的企业破产应当如何看待”的问题，通过同期声采访，明确表示：一个企业如果没有活力，负债累累又扭亏无望就应该破产，从某种意义上来说，破产对企业和职工是一种新生。记者观点鲜明的阐述，形成了正确的舆论导向。接着，报道又从“搞好职工安置是企业破产成功的前提”“银行应当如何看待企业破产”“规范担保成为企业破产的当务之急”“不能企业破产、政府收摊”“现行《破产法》亟待完善”五个方面反映了中国经济建设中令人瞩目的破产现象所包含的生机和苦涩，分析、阐述了推进国有企业依法破产，建立和完善优胜劣汰机制是发展市场经济的必然要求，并一针见血地指出当前实施《破产法》的利弊得失及如何扬长避短、趋利避害。报道真正做到了点明症结，以理服人，引人深思。

报道立体化是电视新闻搞好深度报道的重要途径。它使深度报道内容丰富，背景翔实，让观众不只了解到事物的一点、一线、一面，而且看到一个立体交叉的信息网络；它不是那种由单因果关系构架的“信息短缺式”报道，而是多因果综合考察的“全息摄影式”报道。

（四）报道形式多样化

报道形式的多样化，体现在能承载深度报道内容的表现形式是多样的，如系列报道、连续报道、组合式报道，等等。

系列报道、连续报道由于对同一主题、同一题材作多层次、多角度的报道进而形成总体报道的深度，是电视新闻中进行深度报道常见的报道形式。

组合式报道，这种报道形式最早见于中央电视台《新闻30分》，从编排上看，它是对一些同类消息的有序组合。从内容上看，却不同于以往新闻中的“归类式报道”。所谓“归类式报道”，实际上是相同信息的简单重复，如“戒烟日的报道”，把各地开展宣传戒烟的报道放在一起，“各地喜迎香港回归报道”，就把全国各地开展各项活动、迎接香港回归的消息归成一类，进行综合报道，内容大同小异，信息重复，有效信息少。而“组合式报道”是把各地动态归为一条简讯，然后配发几条与之相关而内容迥异的消息。外国新闻界则将这种组合式报道称为“包裹式新闻”。比如，中央电视台有关戒烟日的组合报道包括五条新闻：《戒烟宣传咨询活动今天举行》（动态消息）、《吸烟带来的经济损害》（背景性新闻）、《吸烟热正从西方转向东方》（结合中央电视台驻美记者和国内记者采访制作的消息）、《我国青少年吸烟人数明显上升》（以现场采访和抓拍为主的消息）、《中国戒烟现状》（消息）。这组报道几乎没有重复的信息，每条都是消息，并无专题的深度和厚度，但组合在一起则互为背景，使报道有了相当的厚度，与系列报道及连续报道有异曲同工之妙，这也是消息类节目进行深度报道，提高权威性的一种可行的选择。

此外，专题报道、电视专访、新闻杂志节目等都是适合作深度报道的节目形态。

（五）表现手段丰富

表现手段的丰富，体现在一个节目可运用的报道手段多种多样。画面、声音、字幕、图表、照片、特技及蒙太奇的剪辑手法在新闻报道中的运用，极大地增加了作品的深度和可信性。比如《优胜劣汰促进经济繁荣》，充分调动电视视听双通道的传播优势为其深刻的内涵服务。它以准确精到的解说，纵横勾连的评述，现场采访的同期声，综合开掘了深度报道的视听效果和可信度。又如山西电视台新闻《两座商厦在治理整顿中呈现出不同景观》，通过太原市天龙大厦和新星商场呈现出的繁荣与冷落的不同景观，有力地论证了治理整顿的必要性。片中先用一个天龙大厦内众多的购货人流乘电梯而上的全播镜头，把天龙的繁荣景象直观地呈现给观众。然后通过特技转向新星商场，一个从上摇下的大全景镜头同前一个镜头形成强烈对比，新星的冷落状况也形象、直观地展现在观众眼前。这两个镜头先声夺人，富有代表性。接着，片中又采用对比蒙太奇的手法，用一组对比镜头把两座商厦的管理服务和兴衰展示给观众，天龙的顾客盈门和新星的门庭冷落，通过反差强烈的画面语言充分体现出来。图像选择的对比性赋予画面一种特殊含义，增加了画面的意蕴，观众面对对比强烈的景象，已深刻地领悟了记者想要说些什么。此外，片中还运用资料镜头进行说明，丰富了电视屏幕的语言符号和全篇的思想内涵。

据此，笔者认为，电视新闻深度报道选材要精，开掘要深，视野要宽，分析要透。唯有如此，才能真正起到新闻的导向作用。

四、全媒体融合下电视新闻深度报道采编的创新策略

（一）改变“传者中心”的媒体运营思维

在大众传播时代，电视媒体处于严格的国家管理体制之下，电视凭借自身的资源优势和权威性，对相关新闻事件进行全面和深入的采访，在舆论监督、意识形态宣传上发挥着重要作用。

一方面，电视对相关新闻事件的深度报道，要遵守严格的宣传纪律，对内容的报道要经过严格的把关。这在一定程度上就使得一些涉及体制内的事件会被媒体把关人筛除，进入不了公众的视野。由于电视媒体报道的节目是有限的，受众只能在有限的电视节目资源中，挑选自己喜欢看的节目，选择较少。

另一方面，电视深度报道节目在传播方式上的单向线性传播，使得观众观看电视节目的完整性和持续性不强。电视深度报道节目的播出时间是固定的，这就导致观众对节目的观看是一次性的，如果错过了节目，除非重播，否则就不会再看到相同的电视节目。

在大众传播时代，电视媒体是稀缺资源，无论是在传播渠道还是播出渠道上都处于霸权地位。但是，在全媒体融合的当今时代，媒介生态已经发生了翻天覆地的变化，受众不再是一个个被动观看的个体，他们在很大程度上拥有主动选择权，这也就意味着电视深度报道的内容必须足够好看，才能将受众的注意力吸引在电视上。

此外，电视节目收视率下降、新闻产品多样化、受众向网络转移等，都使得传统电视深度报道经营者的运营思维在逐渐地转变，他们逐渐认识到，要利用新媒体传播平台来扩大节目的影响力和传播力。

（二）借力新媒体寻求新旧媒体合作

新媒介的诞生，并不意味着旧媒介的消亡，二者在融合中共生共存。在新技术形态支撑下，数字杂志、数字电视、移动电视、手机无线接收终端等新的媒介形式出现了，这些新的媒介形式使得受众在收听渠道、习惯和需求等方面发生了巨大的改变。

传统电视深度报道面对激烈的媒体竞争，要想保持良好的发展势头，必须顶住压力，凭借视听兼备的资源优势，向新媒体借力，扩大自己对信息资源的获取

途径、传播途径，来推动自身不断向前发展。

1. 从新媒体上寻找选题

网络新媒体凭借其在信息容量、传播速度上的优势吸引了越来越多的受众，这是传统媒体所不及的。当下，许多新闻热点事件的传播大致经历了这样一个过程，首先在网络上发酵，引起受众广泛关注，再通过传统媒体跟进报道。这样的舆情发酵过程表明，网络有着丰富的信息资源和新闻线索。现在，已经有越来越多的传统新闻媒体人，把新媒体作为获取信息的首要渠道。

纵观电视深度报道的选题，也越来越多地涉及新媒体上的一些热点事件，特别是《新闻调查》在选题上越来越依赖新媒体。在往期播放的视频资料中，我们可以看出，《新闻调查》节目的许多期选题都来源于新媒体。

2. 草根影像丰富电视画面类型

在全媒体融合环境下，互联网上大量的一手资料为电视深度报道节目的内容生产提供了丰富的资源，主要包括文字资讯、图像、动画、音频、视频等形象化资料。在众多的电视深度报道节目中，可以看出电视深度报道对网上视频的引用较多，主要包括影视资料片段、网民拍摄的视频画面等。这些资料用在深度报道节目中，弥补了记者在一些重大新闻突发事件中无法赶赴现场获取第一手信息的缺憾。同时，节目引用了网民在事发现场拍摄的影像，可以清晰地说明事件的起因、经过，这体现了电视深度报道利用新媒体技术来完善自己在内容生产上的不足。比如《新闻调查》中的《“海娜号”游船被扣调查》这期节目中，节目将游客拍摄的视频画面用到了电视节目的制作中，这样的视频资料非常珍贵，记录了游客被扣在“海娜号”游船上所遭受到的所有事情。如果没有游客拍下的视频资料，那我们永远无法目睹在“海娜号”游船被扣时，游客在船上到底遇到了什么样的状况。这样的例子在《新闻调查》中非常多，此处就不一一列举了。此外，在全媒体融合环境下，电视深度报道媒体人在信息的传播和接收上也越来越注重运用新媒体，如利用无线传输技术和传输设备对事发现场的采访，这些都体现了电视深度报道不断地借力新媒体，寻求新旧媒体合作，从而促进自身的发展。

第四节 全媒体融合下电视新闻直播创新

电视现场直播，是在新闻现场直接播送反映新闻事件的图像和声音，从而使新闻事件的发展和播出与受众的收看同步进行的一种电视节目播出形式。

一、全媒体融合下电视新闻直播的传播学思考

真正凸显和彰显新闻时效性、真实性、现场感、交流性的传播方式就是现场直播。电视新闻直播是第一时间、第一现场传播突发新闻资讯的最佳手段。对突发新闻事件特别是灾难性新闻事件，广播、电视、网络等传媒都必将不遗余力地追求第一时间、第一现场的传播效应。2008 年 5 月 12 日 14 点 28 分，四川汶川突发里氏 8. 0 级大地震。中央电视台新闻频道 15 点整播发了字幕滚动新闻，15 点 10 分播出电话连线，15 点 20 分中断正常节目，率先推出现场直播《关注汶川地震》（后与综合频道并机直播，更名为《抗震救灾 众志成城》），其速度之快、信息之透明、直播时间之长，尤其是传播效果之佳，堪称中国电视发展史上的一个里程碑。

（一）第一时间，彰显亲民爱民、以人为本的理念

能否做到第一时间传播突发新闻资讯，取决于媒体的生态环境和传播者的职业素养。2008 年汶川大地震震情与灾情的发布透明、公开，其速度之快前所未有，表明改革开放 30 年后，政府及舆论主管部门面对特发新闻事件越来越自信、从容。此次抗震救灾的信息公开与透明令业内人士吃惊，得到了国际社会的普通赞誉。艾伯塔大学政治学家蒋文然表示：“我毫不夸张地说，这可能是有史以来在和平年代一个国家的政府对大型自然灾害作出的最为迅速而有效的反应。”

都说谣言止于智者，其实谣言止于公开、透明。新闻生态环境的改善，让央视新闻直播尽显英雄本色。面对大地震，面对重大的突发事件，作为国家主流传媒，作为新闻资源最强大的占有者，如果反应迟钝，或没有强有力的声音，就会丧失权威性、公信力和影响力。受众在失望之余，会把希望寄托在境外传媒或网络上。这让央视新闻媒体吸取了很多教训。以往面对突发的新闻事件，如 2001

年美国“9·11”恐怖袭击、2003年伊拉克战争等，央视新闻媒体有的反应迟钝，没有在第一时间播报最新消息，消息的首播甚至落后于国内省市媒体；有的虽然在第一时间发出了声音，但没有及时推出直播；有的虽然推出了直播，但报道规模不够，报道量明显不足，没有满足受众对后续资讯的需求，没有产生持续的影响力和引导作用。

网络、广播、电视等传媒的竞争迫使电视从业者清醒地意识到，面对突发新闻事件必须先声夺人，尽一切可能实现第一时间发布。其实，许多境外传媒对突发新闻事件的直播实践表明，尽管信息的准确性非常重要，但只要真实性有保障，说明信息来源，即使有点误差，受众也能谅解。比如央视新闻频道针对“汶川地震”推出的大型直播，第一天，也就是12号下午，先说汶川地震为7.6级，后又改为8.0级。即使报出浙江等地有地震，后又发布权威消息及时辟谣，受众也都表示理解。观众仍把央视作为了解事件真相的权威窗口，几乎没有什么责难。

温家宝总理2003年3月担任总理后在国务院第一次会议上就明确表示，要对媒体进一步开放信息，增加政府工作透明度。我国推行政府新闻发言人制度后，政府部门有了高效、权威、快捷的新闻传播与沟通渠道，公民的知情权逐步得到尊重。但2008年3月，有关安徽某市EV71病毒引起的手足口病的信息发布值得政府有关部门和媒体反思。安徽某市从3月中旬开始逐渐出现患儿发烧、呼吸困难、口吐血性泡沫痰直至死亡的病例。但一直到4月23日23点，卫生部专家才最终确定，安徽某市“怪病”是EV71病毒引起的手足口病。此时，疫情已有一个多月，已有22名患儿先后死亡。

与之形成鲜明对比的是，2008年5月12日《抗震救灾 众志成城》这场直播不仅快而且异常公开、透明。这是新闻改革的突破和舆论环境优化的标志。作为国家级的主流媒体推出大型直播必须经过报批、审查等环节。这些环节不同时进行则不可能在半个多小时就推出直播。几乎可以肯定，央视这次直播打破了常规，开创了突发新闻事件，特别是灾难性突发新闻事件直播的先河。它彰显了新闻报道亲民爱民、以人为本的理念。可以说此次抗震救灾的透明度，充分满足了公民的知情权，而媒体服务与监督的功能更是发挥得淋漓尽致。首先，这场直播充分发挥了传媒为党和政府服务的功能，第一时间传播了党和政府的声音。地震一个多小时后，温家宝总理赶赴地震灾区，在飞机上接受媒体专访，表达了党中央、国务院对灾情的高度重视，对受灾群众的关怀。与此同时，这场直播还发挥了电视传媒传播真相、引导舆情、指导和监督抗震救灾工作的功能。正如民政部、国家地震局等部门领导所说的，由于央视的直播，使他们的抗震救灾工作置于全民的监督之下，不敢有一点懈怠和失误。这场直播消除了顾虑，统一了思想，凝聚了人心，展示了思想解放的成果和开放务实的心态，同时，媒体也展示了其促进社会进步的力量。

（二）第一现场，彰显亲情、爱情、同胞情

真实性之所以越来越受到观众的重视或质疑，一是因为许多媒体的社会责任意识越来越淡薄，假新闻不绝于耳；二是由于经过选择、剪辑、把关等工序过滤后，新闻信息严重衰减。由于没有身临其境之感，加工过滤过度，受众缺乏对新闻事件发生、发展过程的目击、了解，加上少数媒体对一些突发新闻事件作歪曲报道，观众对某些媒体越来越失信。因此，观众渴望电视现场直播，期待“亲眼所见，亲耳所闻”。电视新闻现场直播时，因观众主观接受信息与客观新闻事件的发生、发展在时间上同步，观众可以即时接收信息，增强现场感，从而增加对新闻真实性的认知。电视新闻直播越是凸显现场感，就越能展示其真实性。笔者注意到，央视的《抗震救灾 众志成城》这场直播作了许多有益的探索。张泉灵、李小萌、姬缘等记者的现场报道，让观众身临其境，更让观众无法质疑其真实性。在真实性传播方面最突出的印象是凸显了一个“情”字。领袖情、师生情、军民情、同胞情、亲情、爱情，乃至传媒人与受众对受灾同胞的关爱之情，情真意切，真实感人。这是这场直播最突出的成功之处。郑广明与埋在废墟中的女友贺晨曦讨论结婚方式，在他的鼓励下，女友在废墟中坚持了 104 个小时，最终被成功营救。这是爱情的力量，是救援人员竭尽全力所创造的生命奇迹。新闻特写《都江堰：怀孕 8 个月孕妇获救》令人终生难忘。2008 年 5 月 14 日 15 时，救援人员与被救孕妇交流、对话，16 时 38 分救援成功。现场营救人员发自内心的欢呼声，是生命的礼赞，是人性的赞美诗。这种在直播现场所展示出来的氛围，真切感人，令人震撼。

（三）第一选择，彰显报道机制和传播理念的创新

央视《抗震救灾 众志成城》在直播时机、方式、内容的选择等方面面临严峻的考验和艰难的抉择。是立即直播还是等“上面”批准了再直播？是准点直播还是连续不间断地直播？是新闻频道直播，还是新闻、综合频道乃至更多频道并机直播？是客观纪录过程，还是拿捏稳当，准确适度直播，等等。央视的编辑、记者和各级把关人都面临考验。令人惊喜的是，此次面对汶川大地震，央视义无

反顾地选择了立即直播，而且是连续10多天每天24小时的直播。现场直播的数量和质量均破纪录。这样的选择确实需要勇气和牺牲精神，他们不怕戴“添乱”的帽子，不怕失实的指责，不怕突然停播的难堪，终于实现了灾难性突发新闻事件直播的突破。

报批、策划、采制、审看等各个环节同时推进，充分展示了央视直播运作机制和新闻生产机制的“快”。这种史无前例的组织和运作必将成为教科书上的范例。就报道机制而言，边直播边请示，边直播边组织策划，边直播边审看把关，并且连续直播十几天，这在国家级主流媒体中是前所未有的。就报道理念而言，在快的同时，凸显真实，几乎没有雕琢的痕迹，没有人为的约束与控制，没有所谓的引导与教化，真实得让人确信无疑，不再求证；真实得让人泪流满面，彻夜难眠；真实得让人如临现场，情同身受。真实的力量终于迸发出罕见的、巨大的民族凝聚力。于是，生死不离、不离不弃成为共识，“中国加油”“汶川挺住”的口号声响彻天安门广场。

（四）第一追求，彰显主流媒体的新闻价值取向和社会责任意识

依旧以央视《抗震救灾 众志成城》为例，央视的这场直播实现了新闻传播的第一追求，即对新闻价值的追求，给受众的印象不再仅仅是宣传任务的驱使和经济利益的驱动。面对突发的大地震，宣传任务免不了，但实现长时间、大容量、不间断的直播，淡化了所谓的宣教功能，其舆论引导力不但没有减弱，反而得到了增强，宣传效果不但没有受损，反而得到了扩大。新闻媒体魅力的诞生得益于对新闻真正价值的追求。潜移默化、因势利导的效益终于在电视直播中得到了展现。

在产业化发展的背景下，经济利益和社会利益的博弈是客观存在的，在要求他人自觉履行和承担社会责任的同时，媒体自身的追求尤为重要。此次央视直播带了一个好头，它主动、自觉地放弃了数亿元的广告创收，在综合、新闻等频道中果断地停播了广告。这让广大观众为之一震，为之鼓掌。央视传媒人的专业精神和社会责任意识得到了充分的展现。

二、全媒体融合下电视新闻直播创新的策略

（一）挑选适宜直播的新闻事件

1. 事件内容现场感要强、要充满悬念

人类天性中具有猎奇心理，这种好奇心使得观众对具有故事性的事件产生强烈的兴趣。央视新闻事件直播进行时，观众的心会被事件在发展过程中表现出来的冲突、悬念及戏剧性等因素牢牢抓住，从而激起电视机前观众强烈的收视期待。央视直播的新闻事件现场的含金量高，具有较强的可视性，能给观众留下深刻的印象，而不是缺乏动感、琐碎、庸常的现场。从这点上来看，有些一般性的行政会议、仪式、庆典等预制式太强的活动不适合用直播方式进行传播。

竞赛类的活动具有较强的不可预知性，针对这样的内容用直播的方式传播更加符合电视的传播规律和受众的接受心理。人们喜欢看足球直播比赛，很大程度上是因为赛事的过程及结果对广大电视观众而言是未知的。在比赛的过程中，比赛情况瞬息万变，不到最后很难判定哪方会取胜，电视直播足球比赛把悬念过程化，增强了观众对足球比赛的喜爱和关注。同样，突发性新闻事件也非常适合采用直播手段传播。突发性的新闻事件因其突变因素及其动态的发展，为观众制造了一种悬念，对观众产生了一种巨大的吸引力，让观众形成了强烈的收视期待。不仅重大的突发新闻事件应该直播，一些关系人民生活的突发新闻事件也有必要进行直播。比如，营救落井儿童这样的新闻题材，由于营救过程中有较多的不可预知因素，使用直播方式更具有吸引力。对直播来说，不可预知的因素越多，可能出现突然变化的情况也就越大，事件的不可预知性让现场直播从始至终充满着惊险、压力、悬念和考验。观众也可以从这类事件中真切地体会到电视直播的魅力。

2. 事件要有不可重复性、即时性强

一些历史性的重大政治、社会、体育事件具有重大的社会意义，又因其具有不可重复性，也比较适合用直播的方式，使亿万观众亲历历史。在香港回归时，央视做了72小时的直播报道，澳门回归时，央视也同样做了48小时的直播报道。直播使观众成为事件的亲历者与见证人。又如国庆大典、奥运会开闭幕式、“神舟五号”“神舟六号”“神州七号”升空等在时间性上具有不可重复性，采用

直播的形式更能振奋人心，凝聚人心。强调“那时那刻”的事件，都适合用直播方式进行传播。

一些奇特罕见的天文现象、自然奇观，既充满新异性又具有相对的不可重复性和相当的时效性，但因为受所处观测条件的限制，真正能够看到的人相对较少。对于电视媒体来说，这种情况下就适合进行电视直播，用直播的方式让更多的人通过屏幕来感受自然的奇特，满足观众的心理需求。比如 2009 年 7 月 22 日，中央电视台联合国内众多电视媒体对出现在我国上空的罕见的日全食天象进行了成功的直播，收视率颇高。

（二）利用直播事件，增加公众参与意识

1. 利用好直播节目中的不可预测性，增加参与意识

电视直播节目的不可预测性也是直播节目策划中的最大难点，但与此同时也造就了高收视率。如果说传统的直播方式仅仅是满足了受众的“知晓欲”，解决了受众及时的、当下的信息期待，那么电视时代的直播则开始凸显新闻过程的魅力。在直播节目中，一方面要充分估计可能出现的意外情况，尤其是突发性事故；另一方面要针对可能出现的意外情况准备应对方案。比如在 2008 年申请奥运会举办权的现场直播，尽管直播的时间是可以预见的，但它的结果却不可预测，于是投票紧紧抓住了中国观众的心。经过调查得知，北京申奥成功之夜，直播收视率超过了 70%。随着原奥委会主席萨马兰奇的宣布“2008 年奥林匹克运动会的举办城市 —— 中国北京”时，镜头立即切换到了北京，全场的人都沸腾起来，不管是否相识，不分男女老少，大家都欢呼跳跃，或相互击掌，或相互拥抱，激动的泪水随着人们的笑声、叫声一起涌出。

2. 丰富互动手段，提高百姓参与意识

在电视直播没有出现之前，“单向性强”一直是电视传播的活动特点。电视媒体只是单方面地给受众提供信息，根本没有考虑观众的参与和反馈需求。电视直播报道出现之后，这种情况从根本上有了改观。这种改进可从三个方面来实现，一是媒体主动邀请观众参与电视传播活动决策，进而开阔传播者的视野；二是使观众参与到电视传播活动的过程中，观众的参与增加了节目的可视性，大大丰富了传播内容，增强了传播活动的表现力；三是使观众成为直接评价电视传播活动的主体，避免传播效果和反馈的滞后性，及时有效地反映市场变动，增强了媒体后续传播活动的市场竞争力。

（三）直播协作，实现信息首发和电视速报

1. 中央牵头、地方合作，建立直播协作机制

要想将直播节目做好，促进电视系统建立有效的合作机制，就需要由中央电视台牵头、地方电视台参与、汇聚各方力量的全国性联合体制。新闻直播活动的展开离不开记者用敏锐的感官去挖掘新闻点，但是在现在多频道时代，资源发掘仅是第一步，重要的是发挥这些资源潜在的动力。根据这些新闻资源的内在关系，进行统一调度，合理安排，使新闻资源得到最大限度的开发。直播协作机制增强了电视直播的反应能力和协同作战能力，有利于保证新闻的原创率、首发率和落地率。直播写作联盟成员遍布全国，可以延伸到县级电视机构，大大缩短电视媒体抵达新闻现场的距离和时间，强化了电视“眼见为实”的功能和特性，可最大限度地满足观众的知情权、参与权、表达权和监督权。

2. 推动与国际传媒之间的合作

我国电视新闻直播应该与国内其他媒体进行合作，并联合国内媒体，寻求与国外媒体的合作，扩大直播范围，使直播信息的覆盖面更广，使我国电视直播在国际上享有话语权。在现在社会，国际舆论环境复杂多变，央视应该着力建设语种多、观众广、信息量大、影响力强、覆盖全球的国际一流媒体，使我们的图像、声音、文字、信息更广泛地传播到世界各地、进入千家万户。要想走在国际媒体的前列，电视新闻媒体就要不断地增强自身的直播能力，实现直播常态化，切实做好联盟机制，特别是与国际媒体的联合。

第四章　当代媒体环境下的电视新闻传播创新

技术是推动媒介变革的巨大动力，技术的迅猛发展带来的新媒体层出不穷，传统媒体与新媒体融合的进程加快，电视媒体在这一过程中充分利用各种现代技术不断丰富自身的媒体形态。网络电视、数字电视、手机电视、移动电视等一系列电视新媒体不仅扩大了电视新闻的生存空间，拓宽了电视新闻的传播途径，更是改变了当代电视新闻传播的整体走向，重构了当代电视新闻传播的理念。

第一节　当代电视新闻传播的整体走向分析

一、传播内容由单一走向多元

1958 年 5 月 1 日北京电视台试播，当天晚上 7 时播出的节目有先进生产者和农业社主任的谈话、新闻纪录影片《到农村去》、科教片《电视》，以及诗朗诵和舞蹈。从那以后，我国电视新闻传播经历了几次大的演变。传播内容逐渐从单一走向多元，舆论监督、民生资讯、市场信息、国际动态，以及专业性、对象性新闻，呈逐渐增多之势。

1976 年 7 月 1 日以后，北京电视台开始试办固定的新闻节目，内容全部为国内新闻。1978 年元旦，北京电视台开办全国电视台新闻联播节目，同年 5 月 1 日正式改名为“中国中央电视台”，全国电视台“新闻联播”进入稳定发展阶段。1980 年 4 月 1 日，中央电视台开始通过国际通信卫星收集英国维斯新闻社和英美合众独立电视新闻社的国际新闻，并采用新华社每天专为中央台编发的国际要闻简讯。世界各地发生的重大事件，观众第二天就能在中央电视台新闻节目中看到。“新闻联播”从此成为国内、国际新闻俱全的动态性新闻栏目。1980 年 7 月，中央电视台创办了第一个评述性电视新闻栏目“观察与思考”，把报道的触角深入到社会生活的深处，对新闻事件、新闻人物进行深度分析报道，引起了社会的广泛关注，提高了新闻节目的深度，为以后电视新闻评论的发展打下了良好的基础。这期间，各地方电视台在转播“新闻联播”节目的同时，也根据本地实际创办了一些新闻栏目。上海电视台1981年开办的“国际纵横”节目，便是第一个报道国际新闻的地方台栏目。广东电视台的“市场漫步”“港澳动态”“国际纵横”也是地方台开办的特色栏目。

1968年，美国哥伦比亚广播公司创办了杂志型节目《60分钟》，吸引了多个国家电视媒体的仿效。杂志型新闻节目结构上的显著特点是综合性和栏目化；内容上能对新闻事件的背景、现状、发展及影响进行深入挖掘，有较大的容量，能提供完整、深刻的新闻信息。1987年7月，上海电视台推出新闻杂志型栏目《新闻透视》，每周播出一期，每期30分钟。《新闻透视》在大板块内设小栏目，由播音员主持串联。该栏目的开办标志着我国电视新闻节目迈上了一个新台阶。1993年5月1日，中央电视台的《东方时空》正式开播。该栏目题材广泛，包容量大，时代感强，有“早间新闻”，还有“东方之子”“东方时空金曲榜”“生活空间”“焦点时刻”等，是一个集新闻性、社会性、知识性、趣味性于一身的大型综合杂志型节目。

进入21世纪以来，新闻节目形态创新的速度加快，节目结构设置、时间分配、主持人风格、声画元素运用以及节目编排都出现了多样化的发展趋势。新闻节目内容的创新则更多地体现为对新闻资源的深度开发和利用上，新闻评述、深度报道和主题策划类新闻节目深受观众喜爱。新闻节目对受众需求的关注，还直接推动了以本地天气、交通、刑事、社会安全和环境等为内容的区域性民生新闻的发展。在不少区域市场上，地方台的新闻凭借服务性和贴近性，在与中央级和省级卫星频道新闻节目的竞争中健康发展。法制、体育、综艺等分类新闻逐渐形成细分市场，成为综合新闻的重要补充。

二、节目单元由栏目走向板块

“板块”，本来是地理学的概念，指的是大地构造理论中由地质上的活动地带划分的岩石圈的构造单位。

电视新闻节目板块有大小两个概念。小的板块概念是指栏目的构成元素。在一个具有固定播出时段及周期的多元性栏目中，分别集中了若干题材或形式相近的内容，如广东电视台珠江频道晚间民生新闻栏目《今日关注》就是由《今日大件事》（城市新闻板块）、《报料大搜索》（报料新闻板块）、《文娱大广场》（娱乐新闻板块）三个板块构成的。大板块是指若干个具体栏目的集合体。例如，中央电视台新闻频道的新闻从播出时间上可分为早间板块、午间板块和晚间板块，每个板块之中可以包含几个栏目；按播出内容划分，"板块"就是电视节目系统中内容或主题相近或相似的节目或栏目的集合体。电视频道根据不同的主题、不同的内容，把自身节目分为若干个不同的板块，以满足不同受众的需求。而"新闻板块"在这个"大范围"内，可以理解为电视节目系统中所有新闻类别节目的集合体。中央电视台综合频道的节目就分为新闻板块、电视剧板块和综艺节目板块。

当代电视新闻出现了大板块编排播出的趋势。以中央电视台新闻频道2010年的播出流程设计为例，整个上午该频道仅安排两个板块，即早晨6:00—9:00的《朝闻天下》和9:00—12:00的《新闻直播间》。《朝闻天下》2006年6月5日推出时，整合了早间时段原有的《6:00早新闻》《媒体广场》《7:00早新闻》和《新闻早8:00》等栏目，每天6:00—8:30播出，时间长度达150分钟。自2009年8月17日起，《朝闻天下》的直播时间由8:30延长到9:00，时长达到了180分钟。《看东方》是上海东方卫视新闻频道早间6:30—9:00推出的新闻直播板块。内容包括新闻、气象、专题、谈话、生活服务观众互动等各种电视元素，长度达150分钟。《凤凰早班车》创办于1998年，周一至周五7:00—8:00首播，8:00—9:00回放，占据了早间120分钟的时间。

上述变化还表明，当代电视新闻节目播出流程已经呈现板块化趋势。板块化对栏目的功能有所弱化，板块化还被作为节目播出编排策略使用，对其赋予了捆绑观众的特殊职能。板块化的发展走向、演变趋势及其对电视新闻传播可能产生的影响，都值得密切注意。

三、播出平台由分散走向集中

新闻播出板块越做越大、越做越长，所反映的正是播出平台由分散走向集中的趋势。在大板块下，媒体对收视"黄金时间"的控制能力进一步增强，对优质节目资源和市场资源进一步形成垄断。

和大板块相比，新闻频道的资源集中能力更为强大。1980年6月1日，美国CNN开播，在每天的整点时间播出新闻，成为世界上第一个新闻频道。在我国，福建电视台于1999年5月23日推出了内地首家新闻频道。该频道设置了19个栏目，涵盖了国际、国内、省内重大时政、财经、文化、社会、体育、娱乐等新闻信息，既有快讯、现场报道、调查性报道、连续报道、评述、谈话类栏目和纪录片等纪实性栏目，也经常在每两小时一次的直播栏目中插播最新的动态。中央电视台新闻频道于2003年5月1日起试播，以“第一时间、第一现场、第一需要”为承诺，面向全国观众报道他们普遍关心的新闻。随后，新闻频道建立了“整点新闻+现场直播+字幕新闻”的传播模式，于同年7月1日正式开始全天24小时不间断播出。节目传送通过亚太1A卫星C波段12B转发器覆盖全国。新闻频道在整点新闻之后，分别安排各分类新闻，主要有财经、体育、文化、国际四大类。频道的专题节目还有新闻背景、新闻评论、新闻调查、舆论监督、民意调查、法制等，对整点新闻和分类新闻加以补充和深化。目前中央电视台第一套节目中的《新闻联播》《焦点访谈》《新闻30分》《晚间新闻》《新闻早8点》在新闻频道中与第一套节目并机播出。2001年1月1日，凤凰卫视资讯台开播，其定位是“向世界发出华人的声音，向华人报道世界的资讯”。其承诺是可以透过凤凰卫视资讯台全天候24小时收看到来自全世界和两岸三地的最新消息；总汇全球的财经金融新闻；于第一时间找到世界各大股票市场行情的第一手资料；可以在大事发生时，和前线记者共同体验新闻现场，追踪事件变迁，感受目击的刺激；可以透过凤凰卫视资讯台听到对热点事件和热门话题的评说、解析。东方卫视2003年10月23日改变呼号，以上海东方卫视全新开播，设置三大新闻主打栏目《看东方》《东方新闻》和《东方夜新闻》，每天6小时全程直播新闻。加上《东方午新闻》，东方卫视每天四档定点新闻节目已经连成一线。

以中央电视台新闻频道为代表的新闻专门频道的强势发展，迅速集中了全国最优秀的观众资源，并在吸引优秀节目资源、优秀广告资源的同时向新闻频道集中。目前，由央视新闻频道主导，凤凰卫视、东方卫视以及各地新闻频道积极跟进的主流话语平台已经酝酿成形。上述集中化的发展趋势已经并将继续对我国电视新闻生产和传播产生重大影响。

第二节　当代电视新闻传播理念的转型与重构

一、人性化转型——以人为本理念的重构

学者朱羽君致力于对电视的人本传播研究，她认为电视的出现开启了向人本化传播回归的历程，及至数字化时代，电视将向更为人本化的方向发展，使传播更为个性化，更能超越生理极限，深入到人的心理、情绪、想象等新的空间。[①]

从电视技术本身的发展来说，早期的黑白电视没有色彩，但人们有看到五彩缤纷的自然与现实社会的内心渴望，于是彩色电视诞生了。除从每天只播 2 小时到全天 24 小时不间断地播放、电视节目越来越丰富、播出时间越来越长外，电视领域出现的一系列技术性变化，增加了观众对看什么、何时看的选择机会。例如，电视机遥控器的配备使用，允许人们快速、经常地转换频道或者跳过广告节目。录像机的发明和普及应用，则允许人们把节目录制下来以供随时观看，或重放钟爱的部分、快进跳过不感兴趣的部分、慢速或定格需要仔细琢磨的内容。有线电视和卫星电视增加了观众可选的频道数量，IPTV 数字电视、手机电视、PDA 等则使观众的观看更为自由和自主。从对电视观众的历时分析来看，一个明显的趋势是观众的观看情态是日益走向多元和主动，在视觉媒体的使用上越来越具有选择性和弹性。“因此，观众拥有了一种更加强大的‘放牧’（在大量的频道中不停地转换）能力。”[②] 在数字时代，顺应人性的需求，无处不在的移动收视和网络化的收视使观众这种“放牧”能力更加得到了放大和强化。

各国电视新闻节目的发展轨迹都表明，电视新闻节目形态正是沿着人类的要求和愿望，沿着对最新电视科技的运用而不断丰富、不断完善的。电视新闻的人性化在内容、形式和观念上皆是如此。

首先从形式上来说，早期的电视新闻非常简单。1940 年，美国人最早看到了电视新闻，这种初级阶段的新闻，除了播音员头像外没有其他任何图像。有人称之为“撕下来念”：一般一条新闻一页纸，念完一条撕一条，完全是念报纸。

---

① 朱羽君，殷乐．生命的对话 [M]．北京：中国电影出版社，2002.

② [英] 尼古拉斯·阿伯克龙比．电视与社会 [M]．张永喜，译．南京：南京大学出版社，2002.

正如早期广播是报纸的声音版一样，电视新闻在幼稚期时，其形式也是以口播新闻和图片报道为主，兼有新闻纪录片。图片报道是一种将新闻图片画面进行分切组合拍摄再加上解说的新闻报道。这种形式的出现是由于当时的技术设备、人才、财力等多方面所限，动态新闻图像及时获得并非易事，为了电视画面感的要求不得已而采取的措施。虽然后来动态影像的电视化新闻越来越多，但其时效性仍不强，同期声的缺失也是一大遗憾。后来由于电视技术的进步，口播新闻和图片报道这两种形式在电视新闻中所占比重越来越少，ENG[①] 和 SNG[②]、DSNG[③] 的出现使电视现场报道和多点现场直播成为电视新闻报道的主流形态，它们也更符合人们对新闻事件欲同步知晓并耳闻目睹的需求。

我国电视新闻的发展经历了口播新闻的广播式电视时期、过于重视解说词的文学电视时期、过于注重画面的电影式电视时期，20 世纪 90 年代中期的电视新闻改革开始“真诚面对观众”，实行更为人本化的传播。节目形式由最初的一般性消息报道向消息、评论、访谈、专题等多种形式相结合转变，电视评论节目、调查式报道等深度报道类节目在电视新闻中的地位越来越重要。同时，更加注重节目的包装与设计，更具审美意味的字幕图表、三维动画与实拍画面的结合，使电视新闻更为丰富多样、直观醒目地在屏幕上呈现出来。此外，电视新闻由时长不定的播出转变为栏目化、频道化播出，节目播报方式则由单一的严肃正经地播读新闻转变为轻松诙谐地说新闻、方言新闻等多种方式相结合，电视新闻这些形式上的变迁和跨越也与满足人们日益增长的新闻信息需求直接相关。在这一过程中，电视新闻的时效性在传播中日益受到重视，实现了滚动式、即时化直播，使新闻由 TNT（Today News Today）模式发展为 NNN（Now News Now）模式，即“今日消息今日报道”到“现在消息现在报道”。

从内容上来说，由国内时政新闻为主向国内与国际相结合，时政与经济、文化、社会等多个领域新闻相结合转变，电视新闻的报道面日益开阔，更出现了面向全球观众的 CNN 等国际电视新闻频道。以我国为例，早期的电视新闻在传播内容方面是非常狭窄的，基本上局限在对国内新闻的报道上，而且基本上是时政新闻。随着改革开放的深入和新闻改革的推进，1979 年中央电视台率先放宽了国际新闻的报道，决定凡重大国际政治新闻、社会新闻、文体新闻等都可以酌情客观报道。随后，从中央电视台到地方电视台，在新闻节目的报道内容、报道量

① ENG：Electronic News Gathering，电子新闻采集。

② SNG：Satellite News Gathering，卫星新闻采集，特指装载全套 SNG 设备的专用车。

③ DSNG：Digital Satellite News Gathering，数字卫星新闻采集。

上都有很大飞越，传播内容呈现多样化的发展趋势。表现之一是在 20 世纪末和 21 世纪初，民生新闻大潮涌起。各级电视台采用平民视角站在百姓立场，关注老百姓自己的故事和他们的喜怒哀乐，这股潮流带来的是电视新闻在普通民众中的收视热情和学界的亦褒亦贬的评议。在电视新闻的本土化呈燎原之势的同时，电视新闻节目内容生产的表现之二是谋求全球化的趋向也在显现。在世界政治、经济与文化领域的全球化的时代强音中，作为社会生活之镜的电视新闻不可能超然度外，关注国际社会成为其必然之选，在新闻的视角、新闻的选择方面呈现出国际化特征。电视新闻节目日益成为涵盖广泛、内容丰富的新闻信息总汇，成为人们了解和掌握周围环境的重要平台和载体。

从观念上来说，我国电视新闻的传播理念由“喉舌论”舆论导向到“三贴近”，再到近年的公共新闻、公民新闻的初露锋芒，显示了我国电视新闻由单纯的宣传观念逐步向信息服务的观念转化，由完全的传者主导向受众主导过渡的趋势。

需要指出的是，电视新闻传播的人性化进程与国家民主化进程密切相关，其发展步调和地理分布并非等速均质。

因此，不论是电视新闻传播的技术、节目形态还是节目内容和传播理念，电视新闻传播都体现了越来越人性化的发展进程。尊重受众、关注受众、重视受众与满足受众，是电视媒介在今后的媒介博弈中争夺受众资源的必然途径。

二、价值观转型 —— 泛化传播与实用性传播理念的重构

由于网络空间中的受众对新闻选择的自主性和多元化需求，网络化电视中的新闻出现了泛化与实用性的转向。

什么样的事实能够成为新闻？什么样的新闻是有价值的？这就关涉新闻价值的度量。前者表明一个事实别人关不关注、能不能被当作新闻；后者指的是一条新闻是否引起和带来了一定的社会影响，也称为新闻的价值。不同媒介环境、不同时代对新闻价值的度量会有不同的取向和标准，这种抽象的思想倾向就是新闻价值观，而新闻价值观直接决定某一媒介或个体对新闻的选择和传播。

陈力丹在谈到新闻价值时指出：“新闻价值的理念，揭示的是一种实用意义的社会关系。”① 人们对于某一事实尚不知道、尚未听说，是这一事实具有新闻

① 陈力丹．新闻理论十讲 [M]．上海：复旦大学出版社，2008.

价值的必要条件，但如果某人（或某些人）对这一事实无兴趣、不关心、不需要，对他（们）来说也不是新闻。也就是说，接受者的需要，是某一事实新闻价值得以实现的前提条件。

斯图尔特·霍尔在他对电视的文化研究中也提出："这样的信息在产生'效果'（无论怎样界定的效果）之前，它必须满足某种'需求'或具有某种用途，它必须首先作为有意义的话语被加工利用和意义解码。正是这种经过解码的意义才会'有一个效果'、影响，使人感兴趣或指导、说服人。"①

在网络空间里，新闻的价值有无、大小由主动的受众来评定，点击率和跟帖量便是其明证。在这里，新闻的内涵得到极度泛化，不仅包括传统意义上新鲜及时的新闻报道（包括提供观点的评论性报道），还包括对旧闻的整合，对公众有用的知识性、娱乐性、服务性信息。

所以，现代的媒体不再是单纯的传统意义上的新闻与信息的传播平台，而将更强调信息对受众的服务性。"今天的新闻已经越来越多元化，并通过多元化甚至达到了实在化。它进入人们生活的每一个角落，使受众对事件的外观下所蕴含的各种各样的讯息都确知无疑，这正是信息化社会能够赋予这个世界非常强大的实在的动力的重要原因。"②

网络化电视的新闻传播将不再只有单纯的传统意义上的新闻。以央视网为例，它在提供新闻的同时，还提供各类实用性信息，如健康、美食、母婴、家居、高尔夫和包括天气、证券、房产、外汇等各类与人们衣食住行生活相关的信息，的确达到了信息的"多元化与实在化"。人们不仅可以在这一空间里查看最新的新闻，还可以进入感兴趣的频道查阅有关信息，或是参与、发表评论，这里体现的是以受众需求为中心的传播取向。

针对现实受众多样化的需求，在这个空间里新闻的内涵已演进到泛信息化，展示出的是一幅多元化的信息图景，其触须延伸到了社会生活的各个层面。"在网络时代，你所看到的最令人称奇的传播画面是：多元化的新闻广泛涉及我们的教育、医疗娱乐、商务……以及一切生活。"新闻的泛化使得这一空间提供的信息变得日益丰富多样，无所不包。这个空间基本上是遵循实用的原则，将预设的对受众有用（包括精神和物质两个层面）的信息（不论是否具备时效性、新闻性）集合起来，作为一种服务提供给受众。

① ［英］索尼娅·利文斯通．理解电视：受众解读的心理学［M］．龙耘，译．北京：新华出版社，2006.

② 杜骏飞．弥漫的传播［M］．北京：中国社会科学出版社，2002.

艾伦·鲁宾曾把媒体的使用分为两种类型：仪式性的（ritualized）和工具性的（instrumental）。仪式性的使用比较被动，缺乏明确目标，人们把媒体使用当成一种习惯性的消磨时间和娱乐放松的活动。而工具性的使用则主动性较强，具有明确目标，对媒体内容选择性接触，参与程度高，是为了某种信息需求而搜索特定的媒体内容，会导致人们接触大量新闻和信息性内容。在鲁宾这一研究基础上，我们可以推理出这样一个结论：由于网络空间所提供的选择自主性和海量信息，对网络化媒体的工具性使用应该胜于仪式性使用。人们在网络上更多地利用搜索引擎、收藏夹、RSS订阅等工具自主地、有目的地查找自己感兴趣的、对自己有用的信息，以达到自己的某种功利性目的，这也刺激了网络实用性信息的进一步发展和完善。

从哲学的角度来探讨网络空间新闻的实用原则也许能够给我们更超越感性的启示。李泽厚认为中国传统讲究实用理性，实用理性是一种肯定现实生活的世界观。实用理性同杜威的实用主义也有着某些相似性：实用理性也将有用性视作真理的标准，认定真理在于其功用、效果。李泽厚的哲学禀承的是人类学本体论或人类历史学。所谓人类学本体论用徐友渔的话说，就是去掉了“革命”“专政”等的马克思的历史唯物论，其出发点和第一命题就是“人活着”，或曰“吃饭哲学”。李泽厚认为中国人很注重世俗的幸福，从古代到今天，从上层精英到下层百姓，从敬酒礼仪到行拳猜令（酒文化），从促膝谈心到“摆龙门阵”（茶文化），从衣食住行到性、健、寿、娱，都展示出中国文化在庆生、乐生、肯定生命和在日常生活中去追寻幸福的情本体特征。所谓情本体，也即以人的现世性为本。从这一意义上来说，人们的衣食住行、孩子、车子、位子（即工作）等现实问题成为网络新闻传播的一大重点，似乎也就有了其哲学依据。

在传统媒体时代，重要性、显著性是作为新闻价值观念中的核心要素被强调的，硬新闻是过去媒体传播的主导类型。改革开放之后特别是新媒体语境下，人们愈来愈把软性的、与自身利益和兴趣相关的题材作为关注的重点，他们关注与自己的生产、生活乃至生存密切相关的各类信息，各种媒体上的软新闻也就越来越多，所以出现了硬新闻“软化”现象和大量服务性资讯。这是媒体服务意识觉醒，服务功能强化和拓展的一个侧面。

三、导向转型——受众导向传播理念的重构

在上述网络化空间已被重构的新闻价值体系下，电视新闻传播的理念应以受

众为导向转型，确立新的传播模式，适应媒介融合新格局。

威尔伯·施拉姆在20世纪中期说过：“电视是20世纪最伟大的发明，但人类是否能享受到它的好处，主要取决于我们运用它的智慧是否能与发明它的智慧并驾齐驱。”而20世纪末期开始普及的互联网与之争锋，并后来居上，在兼容、开放、共享的大媒介格局下，网络化电视仍将继续考量人类使用它的智慧。

麦奎尔指出，随着媒介现实的变化和大众传播时代不同，现在的受众已不再是大众的一部分，而是一种自我选择的网络成员、特定的公众，或者是一个个体。除此之外，受众活动的重心从接收转移到搜寻、咨询和互动上。也就是说，这个已不能被称为“受众”的受众已由原来的被动“接收”，变为追求自我信息的个性化搜寻与互动式参与，也即尼葛洛庞帝所说的由“推”到“拉”。

以高度人性化的传播满足受众需求目前正在成为媒介之间竞争的核心要素，这就意味着电视传播那种居高临下的传输方式已经难以适应新的生存环境，确立新的传播理念被提上议事日程。在日益市场化的宏观背景和媒介融合的语境下，电视新闻传播理念的受众导向不仅体现在要满足受众较低层次的信息充分获得与使用的需求，更体现在要抱持对话精神的精髓，满足其较高层次的亲身参与沟通交流的精神与心理需求；不仅要在传播内容的易得与丰富性上满足受众的需求，更要在传播方式的人性化上更好地满足受众的需求，满足人们在传播活动中亲身参与、互动对话、自由选择、个性化定制等需求，凸显受众的主体地位，构建以受众为主导的传播格局，这是电视媒介今后赢得生存空间的必然选择。

先让我们从传统电视媒体上的一条新闻在网络上的命运谈起。

2009年6月5日，在国内的门户网站新浪网新闻中心的视频新闻里，有一段名为《村主任乱砍树在乡政府大院殴打女记者》的视频引发了网民的热议。它源自同年齐鲁电视台主打的新闻栏目——《每日新闻》6月4日节目里的一条新闻——《记者采访之后村干部在村里撒泼》，新浪网对这段视频所加注解为：“村主任因不满记者的报道，堵在乡政府门口，在乡政府大院，当着领导的面，对前来采访的女记者恶语相向，甚至动手厮打。”这起事件发生的背景为：山东省在全省开展消灭美国白蛾活动，德州市临邑县理合乡牛家村村干部为了完成防治美国白蛾的任务强行把村民的树砍掉，接到一村民的报料后，记者先到该村一村民家里采访，后找到该乡书记了解情况，随后发生了新闻所报道的一幕。

在齐鲁网的网络电视台齐鲁频道《每日新闻》的页面中，《临邑村干部太嚣张当着乡书记打记者》这条视频新闻在“最多点击”排行榜中处于第二位，仅次于《段义和被开除党籍公职罢免全国人大代表职务》（段义和是曾震惊全国的山东省济南市人大常委会原主任，爆炸情妇案的主角，其点击量为75013，但其评论为18条，远低于“记者被打”新闻的评论数569条）。

而该记者则在自己的博客上于6月6日发表了博文《我很气愤》，并在文章中张贴了一张打人村主任的正面图像和两张两人发生冲突的截图。这篇博文同样引发了大量跟帖对此事进行评论。

除了在上述三个渠道传播外，这一事件在网络上被大量地复制与粘贴，很多网站和博客对这一事件进行转帖或评论。截至2009年11月16日，在百度里输入“齐鲁电视台女记者德州采访被打”进行搜索，共找到1130个相关网页。这一传播现象表明，传统电视媒体的电视新闻经由网络媒体的延伸传播，其影响力得以扩大，引起了更为广泛的关注。网络媒体使这一起记者被打事件的传播，突破了齐鲁电视台的《每日新闻》这一城市频道的有限载体，从空间上超越了齐鲁台所在的济南市及山东本省域，引起了全国甚至是世界范围内的网民的关注。从参与评论此事件的网民显示出来的地址来看，遍及中国的南北西东很多省市，还有地址显示为英国和澳大利亚等国的网友。从时间上来看，不管是夜半还是清晨，网友可以在他们方便并愿意的任一时刻观看或发表评论，这种延时和非同步的收看使新闻不会因为播出时间与观众收视习惯的错位而被淹没。于是这种得以跨越时空的传播，无疑成为电视新闻延长其生命周期、使传播效果最大化的“救命稻草”，从而克服了电视原有的“线性传播、稍纵即逝”的致命弱点。

从网络上民众对这起本来与己无关事件的积极参与来看，“传播是分享、参与”的理念在这里得到了很好的印证。下文将对这起事件及其网络反应作进一步的分析推论，来探讨媒介融合语境下电视新闻传播应该如何进行更为人性化的转型和定位。

（一）由宣讲意识向对话意识转向

网友们是如何看待这起记者被打的媒介事件的呢？对前文提及的电视台出镜记者被打事件的网络评论进行梳理和分析，可以将网友们的评论基本上分为三种意见：第一种是支持出镜记者，认为她为处于弱势的农民伸张正义履行职责，而村主任素质太低，出手打记者特别是女记者天理不容，并且很多评论从打人村主任的恶霸作风延伸到抨击中国农村普遍存在的村官欺上压下现象；第二种是抨击记者，认为记者没做深入调查，对某些村民的说法偏听偏信，且该记者在新闻采访中的表现缺乏应有的职业素质，居高临下、咄咄逼人，没有很好地与被采访对象沟通；第三种意见则是一种折中的态度，认为村主任打人不对，记者的采访方式和语气也存在问题。

经过抽样统计，三种意见中，第一种意见虽然所占比例最高，达到 59. 3%，第二种意见只占 27. 8%，但在“最热评论”的第一页，排在前六位的全是批评记者的评论，例如：

“2009 年 6 月 5 日 17 : 04 : 43 新浪山西临汾网友：作为一名记者，应该站在客观的立场进行采访，而不是对当事人和他的上级领导进行逼问，这名女记者明显地偏袒一方，从而激化了矛盾，人们都同情弱者，但也不像这名记者那样，对乡党委书记的咄咄逼问让人看出她的居高临下的态度，大有我是记者我怕谁，不服曝光你的心态，打她不是道理，但打了她应该能长点记性，采访方式不对。2009 年 6 月 5 日 22 : 43 : 13 新浪云南临沧网友：记者采访和伸张正义是对的，但要采取明智的手段。”

加上第三种意见，即认为打人的村干部和被打的记者双方都存在问题，约有三分之一（36. 1%）的网友认为记者的职业素养有待提高。而这一统计结果的确是个让电视记者乃至整个新闻界警醒的信号。媒介融合使来自五湖四海的观众意见通过网络真实地反馈给新闻发布者，网络上的这种新闻跟帖实际上具有对话性，网友们的自由评说和解读为公共领域的构建提供了可能，它们对于新闻文本的意义建构对于电视新闻的再生产也有着很大的参考和借鉴价值，对此类现象业界的深刻反省和学界的研究都显得十分必要。

自 1994 年《焦点访谈》开播，我国电视媒体的舆论监督功能开始强化，很多问题一被电视报道和曝光就会引起各级领导的高度重视，引起社会各界的广泛关注。人们看到了电视批评报道的强大威力，但电视的威力来自哪里呢？中央电视台的资深新闻人张洁从更深层面上看到背后的问题：“我们媒体的权力其实就是行政权力的外化，是行政权力外延的扩大。”① 这就容易使媒体人产生一种虚妄的假象，认为自己拥有某种威力而滥用这种外化的权力，这“使不少记者在采访中居高临下、盛气凌人”。

从传播学的角度来说，出镜记者是电视进行人际传播的很好的中介，电视新闻节目是否有亲和力、有活力、有个性，出镜记者在其中的表现至关重要。在电视传播中设立主持人或出镜记者的目的，就是变大众传播为面对面的拟人际传播，由一个实实在在的人来告诉大家传播者想要传播的内容，增强传播的效果，

① 张洁．转型期的媒体诉求 [J]. 新闻大学，2009（4）：45—51.

它是与原生态的人际传播最为接近的传播方式。而人际传播的要义就在于它是具有对话性质的，是互动的，有亲和力的，是把他人当作一个独特个体来进行交流与沟通的。

电视新闻中出镜记者的采访既是节目的内容组成部分，也是节目的呈现形式，它以对话的方式来揭示事实，提供信息。记者的对话能力、参与交流和沟通的能力如何，会影响到整个节目的进程。但很多采访并不具备对话精神和内涵，而是记者自说自话或是目中无人的询问甚至是逼问。

阿伯克龙比在他的电视研究中指出："电视特色常常就是与观众交谈的特色。大量的节目都采用面对观众直接说的形式。"[①] 这种带有"口语体"色彩的"直接说"并不是在说给自己听，也不是撇开观众关起门来私下聊天，这种谈话是以交流、以传播为目的的。自《实话实说》1995 年开播以来，大量的谈话类节目在各地的电视屏幕上出现，但相当多的节目缺乏应有的"对话精神"。高鑫教授曾批评目前电视谈话节目中空话、套话较多，也不够深入，只是泛泛的、表层的谈话。在谈话的表现形态上又显得模式化、定式化和规范化，缺乏创新。

在当代对话理论的研究中，马丁·布伯、米哈伊尔·巴赫金、戴维·伯姆等人的对话思想能够帮助人们认识究竟什么才是真正的对话。未来的电视新闻传播应树立正确的对话意识，以期较好地实现人际传播的效果。

英国思想家戴维·伯姆在他的对话理论中提出了"思维假定（Assumption）"的概念。对话就是破除潜隐于人们思维假定背后的种种束缚，做到搁置己见，即把个人的主观观念和思维假定先搁置一旁，从而能够使人们对这些观念进行认真的审视。同时，在采访中，采访者应把他人当作一个独立的个体，与自身一样平等存在的人，认真地倾听他的观念和想法，而不是一个道具、一个为了完成采访任务的对象。对话的道德力量在于尊重他人，保持交流的真心诚意，并用采访者自身的真诚感动他人，它是一种真诚的信念。这种平等的关系是进行顺畅对话的前提。

对话研究的先驱马丁·布伯在他的对话理论中把"我 — 你"相遇的关系和敞开胸怀称为"对话"。他认为每个人都生活在双重的关系世界里，"人类的存在是由两种基本不同的关系决定的。"一个是人际关系的世界，即"我 — 你"的世界，这是一个对话的、相遇的、共生的、息息相关的、人与人真诚交流的世

① ［英］尼古拉斯·阿伯克龙比．电视与社会［M］．张永喜，译．南京：南京大学出版社，2002.

界。另一种则是事际关系的世界，即“我—它”关系构成的世界。这是一个主客对立的独白的、技术的、分离的、不相连的、各自的世界。在那里，人被当作事物来利用，被视为与己无关的外在“对象”，“它”只是为“我”达成某种目的或满足某种需要的工具和手段。这种“我—它”的传播关系是一种完全与对话的道德相背离的关系，虽然在现实世界中大量存在，但这不是真正意义上的对话和交流，尽管这种传播也会有言语的往来和应答。

在电视新闻传播中我们不难看到这种冷漠的、工具性的“我—它”传播关系的存在。这种新闻给人的感觉是生硬的、僵化的、没有活力的，如一些枯燥乏味的宣教类电视新闻专题片、众多仪式化的没有多少信息量的会议新闻、明显摆拍的导演、面无表情的人物采访等。这种传播等同于独白式的传播。

1967 年出版的《人的对话：透视传播》（*The Human Dialogue:Per-spectives on Communication*）一书，是第一本系统地尝试用对话观点研究传播的著作。在书中两位美国学者马特森（F. W. Matson）和蒙塔古（A. Montagu）比较了对话与独白两种不同的传播观念。他们认为独白是将人类传播看作是一个线性的、集中传递的过程，其目的在于控制。它是停滞与僵化的，迫使人们在一个固定的时刻接受某种标准化的信息产品。这种由独白、线性与控制构成的传播模式难以描述人类交流的真实情况。

另一位对话理论的大师巴赫金则称对话是言语传播最为简单和最为经典的形式。他认为，人类社会的生活不是“独白”的，而是传播交流的，不是封闭的，而是开放的“对话”，即人类传播必须是多种声音的对话。

人们过去长期存在、现在仍未绝迹的宣讲式的电视新闻，就是一种“独白式”的、“自我中心式”的传播，是隔绝的、孤立的、封闭的传播，这样的电视新闻传播像是死水一潭。而有了对话，有了与观众的互动交流，它就变为自由、开放而流动的，它便成了循环往复、富有生机的一汪活水。

电视新闻传播中的对话不仅应该搁置思维假定，真诚关注他人，告别独白式的封闭传播，建构“我—你”的对话世界，还应该树立传播的分享观念。

据戴维·伯姆考证，英语的“对话”（dialogue）一词源自希腊词汇“dialogos”。“logos”的意思是“词”或“词义”，“dia”含有通过、穿越的意思，而非指“两个”，即对话不仅局限于两人之间，而是可以在任意数目的人之间进行。

根据伯姆的观点，对话是传播中意义的自然流动汇集与分享。对话是来自不同文化背景的人将意见汇合起来，进行“直接的传播”是具有分享与交流意义的活动。正如前《60 分钟》制片人唐·休伊特所说，“电视上最好的故事是由那些在灯光打起时，神采奕奕，思维敏捷能与记者分享其不凡经历的人讲述的”。[①]

伯姆在他的对话理论中还提到一种“技术的对话”，即“虚假的对话”，这种所谓的对话突出的是信息传播的浅层含义，只认识到了传播就是信息的传递这一层次，而没有认识到传播需要分享和参与。伯姆从共享的角度分析了人类传播的本质，他认为在以对话为人类交流的理念中，秉承的是一种古老然而更有益的“共享性思维（Participatory Thought）”。“与对话相伴而生的，还有一种参与和共享的精神。也就是说，每个人不但参与和分享对话的进程，而且也都能对对话的进行有所贡献。”[②]

最为重要的是，这种参与性模式能使人以平和而理性的态度交流差异，建立起开放的、无边界的对话空间。在着意于共享的交流过程当中，会产生各种不同的价值观念、思想观点的摩擦与碰撞。参与者在观察与被观察、思考与理解、讨论与被讨论中得到充分的接触从而达成相互理解。

伯姆为我们描绘了这样一幅图画，他说：“对话仿佛是一条流淌于人们之间的意义溪流，它使所有对话者都能够参与和分享这一意义之溪流，并因此能够在群体中萌生新的理解和共识。”[③]

对话不仅让差异相遇，而且使思想的创新生生不已。电视新闻类谈话节目，如《实话实说》《一虎一席谈》《齐鲁开讲》等，就给了人们这样一个参与和分享意义的公共话语空间，持不同价值观和立场的人们在对话中交流、碰撞，在争论与妥协中产生新的理解，达成符合公共利益的基本共识。例如，《一虎一席谈》用电视抗辩的方式，让电视观众一起参与到社会问题、政治问题，甚至一些历史问题的讨论中来。参与节目的嘉宾既有精英，又有草根，他们的声音代表了社会各阶层、各地域的民生、民情。但是在传统电视中，这个空间是有限的、相对封闭的，而在网络环境下，网络空间所具有的声觉空间性质给它赋予了开放、互动的天然属性，网络上的新闻跟帖、微博留言等具有充分的对话性，每个人都可自由参与、畅所欲言，可以说网络为各方对话搭建了一个最佳平台，为公共话语空间的生成提供了前提条件。这种经由对话产生的理解和共识是富有创造性的，它具有强大的聚合力，“它能起到一种类似‘胶水’和‘水泥’的作用，从而把人

① ［美］唐·休伊特.60 分钟：黄金档电视栏目的 50 年历程［M］. 马诗远，译. 北京：清华大学出版社，2004.

② ［英］戴维·伯姆. 论对话［M］. 王松涛，译. 北京：教育科学出版社，2004.

③ 同上。

和社会粘结起来。”[①] 在世界各国的政治异见与经济争端中，在社会的各种人际矛盾中，对话和交流是解决问题的唯一办法。对传播领域来说，“我们有足够的理由认为，对话是一种理想的传播方式，对人类发展健康的传播关系具有越来越重要的精神价值。”[②]

而很长时间以来，电视新闻承担着“喉舌”“工具”的作用，宣传国家的方针政策，社会主义建设的典型和成就是其核心内容，“宣讲意识”在整个行业中可谓根深蒂固，从新闻播音的“拽大词”“高八度”“排比句”的“新华体”语态，到电视新闻采访者与被采访者和观众保持一定距离的高高在上式的不苟言笑，都是以传者为中心的单向灌输式传播，对话意识和对话精神是缺位的。当“将交流变成一种单向的、唯我独真的传播拒绝倾听和理解他人时，交流的进程、意义以及有效性等肯定会因关系的对立和缺失而受到明显的阻碍，致使传播或陷入自说自话的尴尬窘境或无法摆脱因对立而使交流丧失真正含义的结局”[③]。

尤尔根・哈贝马斯认为广播电视的节目将作为听众和观众的公众置于自己的魔力之下，同时又剥夺了公众言论和反驳的机会。他对媒介权力进行严厉批评的同时，提出了“沟通理性”的假设，也就是透过理想的沟通过程，要求媒体提供对话式的沟通领域，创造“理想化的言语情境”，恢复公共领域平等、多元、公开论辩公共政策的功能，促进民主发展，争取公众权利。

但他的这种愿望与传统媒体的单向的、从中心到周边或者自上而下的传播特质是相背离的，因此是不可能实现的。而网络和手机等新媒体的出现给了每个人自由言说的可能，数字传播技术和社会环境赋予每个人以话语权，使他们可以指点江山激扬文字，批评权威。有时他们采制的新闻、提供的见解是对传统媒体的必要补充。这与对话理论的理念是十分契合的，因而在这个媒介融合的时代里，正如《连线》杂志总编克里斯・安德森所说：“过去，媒体是演讲，我们创造内容，你来阅读；现在，媒体是一场对话。”美国新闻集团董事长鲁伯特・默多克在对美国报纸编辑协会的演讲中也表示：新闻提供者应停止说教，媒体应该成为“对话的场域”和目的地。有学者呼吁人类的传播“应该面对艰难的交流现实，关注交流的质量，让话语更多地指向参与聆听、回应、谦卑的对话，让人的交流关系不要被敌意或误解分成两边”[④]。电视新闻传播的理念也必须进行彻底的颠

① ［英］戴维・伯姆．论对话［M］．王松涛，译．北京：教育科学出版社，2004．

② 王怡红．人与人的相遇［M］．北京：人民出版社，2003．

③ 王怡红．“争论”能为人类做什么——一个反思争论的关系与对话视角［J］．现代传播，2008（1）：135—138．

④ 王怡红．得一门而入——对话研究及其方法论指向［J］．新闻与传播研究，2005（1）：28—35，95．

覆，实现由宣讲意识向对话意识的转向。这种对话意识不仅要贯穿于内部对话，即记者或主持人与被采访者或嘉宾之间的对话，还应包含于外部对话，即媒体人与潜在的广大受众之间的对话，如通过网络或其他方式的反馈来进行互动交流，通过各种渠道听取意见和建议。网络化电视将会真正实现“理想化的言语情境”，改善我国的电视新闻传播。

而从前文提及的记者被打事件的视频来看，这个年轻的出镜记者言辞犀利、情绪激动，对被采访对象显得缺乏尊重，对乡书记的采访有“逼问”之嫌，故有网友评议曰：“逼得人无从退让，工作本身存在很多需要改进和注意的细节与问题。”这条新闻播出时还打上了“村主任在村里撒泼”的字幕，明显带有强烈的情绪化色彩，且有擅用媒体权力之嫌。从新闻采制的规则来看，记者只是事件的客观观察者和记录者，这种带有强烈主观意味的报道是不应该出现在公共媒体里面的。特别是对于批评类报道来说，对话意识尤其重要。《新闻调查》出镜记者杨春这样表述过：“调查性报道是最能让一个记者感到过瘾，但是同时又最容易让一个记者一逞口舌之利的地方，他应当清醒地意识到自己的一句问话、一句评语，甚至一个手势、一个眼神都能够影响到这个节目的进程和倾向。应该恪守新闻的平衡、公正、真实、客观、全面原则，而不能追求戏剧化的轰动效果。”①

所以，在采访报道中一定要给当事人双方以充分辩解的机会，坚持新闻报道的平衡性。同时记者要善于倾听，保持冷静，在对话中求得事件真相的逐步揭示。

网络上的种种意见，不论是赞美与支持，还是质疑与批评，对媒体及其记者来说都是宝贵的，可从肯定中获得继续前行的动力，从否定中汲取修正错误的教训。这种网络所支持的对话使网络化电视新闻传播得以建立一个开放的、相互呈现与生成的传播系统。

原来的“宣讲”式传播是霸道的独白式，而按照巴赫金的观点，“单一的声音什么也结束不了，什么也解决不了。两个声音才是生命的最低条件，生存的最低条件。”②对话才是打开交流之门的钥匙，对话要求摆脱一种声音的封闭与孤立，寻求多种声音的释放与应答。由于对话所产生的语言是和平而理性的语言、鲜活的语言，所以对话能赋予传播新的品质，能使人类传播进入一个新的时代。

① 引自《新闻调查》特别节目《十年记忆》，http://tech.sina.com.cn/m/2006-05-25/1938956976.shtml。

② 巴赫金．诗学与访谈［M］．北京：生活·读书·新知三联书店，1992.

（二）由传者控制的单向线性传播变为开放互动的非线性传播

美国传播学者马克·波斯特在新的传播语境下提出了“第二媒介时代”这一时代标记，在他的思想体系中，第一媒介时代指的是在信息制作者极少而信息消费者众多的播放型模式占主导位置的时期，对应于现代主义的理性传统，强调线性、有序、稳定、单向传播等特质，而电影、广播、电视则是第一媒介时代最具代表性的媒介。第二媒介时代是以互联网为代表，以介入融合模式、无作者权威为特征的双向互动的媒介时代，它在本质上有别于以单向播放模式为特征的第一媒介时代。对应于后现代主义的非理性，凸显的是非线性、无序、不稳定、双向互动等特质。

原来的电视新闻传播更多的是被当作阶级斗争的工具和宣传的利器，观众只是被动接受传播内容。在网络化电视新闻传播所处的赛博空间，信息传播传、受权力对等，受众兼具信息接受者和传播者的双重身份，其主动性和话语权更加彰显。于是在英语里有了产销合者（Prosumer，即“Producer”与“Consumer”这两个英文单词的组合），这个新概念产生的前提就是由互联网络支持的强大互动性和自主性。因而在数字化生存的网络时代，电视新闻传播原有的传者本位思想必须让位于受者本位思想，其主要任务是如何促进和利用这种互动。

而实现由传者控制的单向线性传播变为开放互动的非线性传播转型，要以双向互动的理论模式为基础，从电视屏幕的“界面化”起步，以建立开放互动的平台为趋向，同时还要建构良性高效的互动机制。

1. 起步：电视屏幕的“界面化”

屏幕是电视最终与观众接触的终端，传统电视屏幕与它的近亲——电影银幕一样，由活动影像、声音和音响构成。数字技术应用于电视制作领域后，改变了屏幕的面孔，也带来了电视屏幕的革命。多媒体的信息表达使电视屏幕日益走向“界面化”。画面、声音、文字（包括字幕、同期声文字、标题文字、说明性文字、互动性文字等）、图表、图片、动画、特殊图形和画面、漫画等多种信息表达形式和手段有机组合，在电视屏幕上构建了一个丰富多彩的窗口。非线性编辑技术和数字特技的运用使双视窗与多视窗效果成为经常使用的节目制作手段，而各种文字信息、文字提示所编排出的文字条与文字块把屏幕分割成若干条块，加之多信道的信息，这些使电视屏幕越来越接近网络的页面，越来越像电脑的界面。

德克霍夫在20世纪末就提出：“电视不再是孤独的了。我们与‘客观的’

屏幕之间的被动关系也结束了；计算机已经引入人与屏幕之间一系列全新的关系——界面。”[①] 和互联网络相融合的电视将改被动地收看为主动地使用，使用者凭借界面上的一个个链接与屏幕进行互动。在波斯特看来，“探讨社会景观以认识其中人机层叠的一个策略便是考察‘界’这一术语……界面介于人类与机器之间，是一种膜，使相互排斥而又相互依存的两个世界彼此分离而又相连。”[②] 他认为界面的特点更多的是从人的特点演化而来的，是根据人的思维方式而设计的。界面是人类与机器之间进行互动的最为敏感的边界区域同时也是一套新兴的人/机关系的枢纽。因此尼葛洛庞帝称“界面应该设计像人一样，而不是像仪表盘一样”[③]。界面的演进是以使用者与媒介互动时的感受为出发点的，也就是说，演进本身即是人性化的体现。人们在使用电脑时，“屏幕的这一边是牛顿式的物理空间，而那一边则是赛博空间。高品质的界面容许人们毫无痕迹地穿梭于两个世界，因此有助于促成这两个世界间差异的消失。”[④] 而网络化电视促成了物理空间和赛博空间的互联互通，电视新闻便可借助新媒体的翅膀飞翔于一个开放、无垠的天空。

很多电视媒体在没有和网络融合之前，已经做出了各种努力与大胆尝试，采用数字技术使电视屏幕向电脑的人性化界面靠拢，采取界面化的屏幕设计，将屏幕版块进行功能性划分，使原来呈现单一的屏幕进行分层化和多信息化处理，并模拟电脑可点击、可链接的特点，进行信息的转换和衔接。这实质上是把电视屏幕变成可以容纳多组信道的信息流同时传播的平台，如近年来CNN正是朝着这个方向不断创新，采用新创意新技术来改造电视屏幕，使它更接近电脑界面，更适应观众的信息消费需求。在2008年的美国总统大选报道中，CNN更是在这方面下足了功夫，使电视屏幕更开放，更像电脑界面。CNN 2008年大选的屏幕设计层次丰富却并不杂乱，主要分为两大部分。屏幕下方的滚动信息条约占整个屏幕的四分之一，以图表和数字滚动播报各候选人得票数、倒计时、支持率、地图等实时信息，以及简明新闻、新闻标题、节目预告等。剩余的四分之三屏幕为图像区域，是注意力凝聚的焦点，演播室画面、与现场记者的连线、现场画面等在此经常用双视窗、多视窗的形式并置呈现，可以承载更多的信息。CNN还首次启用了一项被称为“魔术墙（Magic Wall）”的触摸屏技术。在这个超大屏幕上，

① ［加］德克霍夫．文化肌肤——真实社会的电子克隆［M］．汪冰，译．保定：河北大学出版社，1998.

② ［美］马克·波斯特．第二媒介时代［M］．范静哗，译．南京：南京大学出版社，2000.

③ ［美］尼葛洛庞帝．数字化生存［M］．胡泳，译．海口：海南出版社，1997.

④ ［美］马克·波斯特．第二媒介时代［M］．范静哗，译．南京：南京大学出版社，2000.

主持人轻触屏幕，一系列选票数据、地理分布等信息就会直观地展示给观众，而且主持人可以配合新闻内容在屏幕上手动作标记和自由缩放图片。随着主持人的点击，与新闻相关的候选人头像、各个投票现场、卫星图片等信息适时变换，屏幕随意变幻新颖神奇。数字时代的这种电视屏幕经过改进，不再局限于呈现纯粹的视像，“界面化”能够使它兼容更多的信息，从而取得这样的结果：观众可以小范围的在屏幕上进行信息取舍和整合 —— 这也是一种可操作性的雏形。‘界面’比屏幕更具有参与性，使屏幕功能近似于一个开放的窗口。[①]

2. 基础：双向互动的理论模式

1949 年，信息论创始人、数学家克劳德·香农与 W. 韦弗一起提出了传播的数学模式（见图 4-1），成为后来许多传播过程模式的基础。

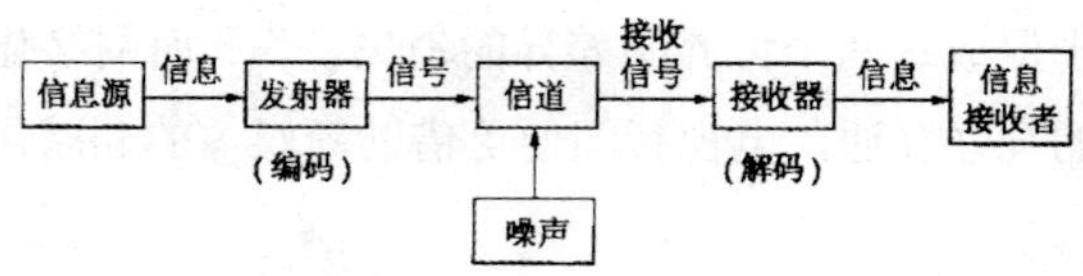

图 4-1　香农 — 韦弗传播模式

但这一模式把传播描述成一种直线的单向过程，将传播者和受传者的角色固化，忽视了受传者的主动性和自主性，以及在实际的人类社会传播过程中二者之间的转化；没有注意反馈这一人类传播活动中极为常见的因素，因而也就忽视了人类传播的互动性质。这些缺点是线性传播模式所共有的。

1954 年，施拉姆在《传播是怎样运行的》一文中，提出了奥斯古德 — 施拉姆循环模式（见图 4-2）。

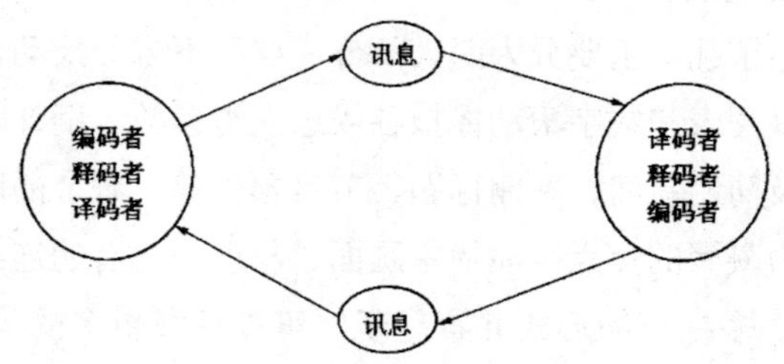

图 4-2　奥斯古德 — 施拉姆循环模式

这一模式突出了信息传播过程的循环性。它内含了这样一种观点：信息会产

① 朱羽君，付晓光．创新与现代媒体的核心竞争力：CNN 2008 年美国大选报道策略分析 [J]. 现代传播，2009（2）：95—98.

生反馈，并为传播双方所共享。在这一传播过程的模式中，没有传播者和受传者的概念，传播双方都是主体，都可能扮演译码者、解码者和编码者的角色。它把传播看成是有信息反馈的双向互动过程，是对以前单向直线模式的突破，但这一模式体现的是面对面人际传播的特点，不适合大众传播过程。

1960 年，M. L. 德弗勒在他的《大众传播理论》一书中提出了更为合理、更适应大众传播的双向互动模式。在德弗勒模式中，信息的流动是循环的，受传者既是信息的接收者，也是信息的传送者。此模式突出双向互动性，被认为是描绘大众传播过程的一个比较完整的模式，是对单向模式的一种超越，一种进步。前代传播学者的传播模式是在当时的媒介发展阶段提出的，其理论具有一定的历史局限性，不可能用来分析和解释人类全部的传播现象。但是从对以上三个传播模式的分析中，我们可以看到人们对传播的认识越来越深刻，越来越切合现实的传播动态。

3. 趋向：互动开放的信息平台

互动是人类的本性，也是社会得以存在和发展的需要。

如施拉姆所说，人是传播的动物，传播渗透于人们所做的一切事情中。它是形成人类关系的材料，它是流经人类全部历史的水流，不断延伸人们的感觉和人们的信息渠道。人们建立传播关系是因为要同环境特别是周围的人类环境相联系，人们已经习惯于生活在传播的汪洋大海中，而只有在互动中人们才能随心所愿地传播交流，建立彼此的关系。在德国社会学家和哲学家 G. 齐美尔看来，社会是一种具有意识的个体之间互动的过程，正是人与人之间的互动才构成了现实的社会。

传播学者们认为互动应该包括两个人之间的交流，如威廉姆斯、赖斯和罗杰斯是这样给互动性定义的：在一个交流的过程中，参与者能够控制相互的交谈，并在交谈中互换角色的程度。也就是说，互动有两个核心特征，一是参与个体对其在交流的体验中能够有所控制；二是发送者和接收者之间的交流是双向的。

人们之间的面对面交流是典型的互动，而超越时空的可视交流则需要通过视频互动媒介来实现。早在 1915 年，马可尼就有了可视电话的预想。1964 年美国的 ATT 公司在纽约世界博览会上展出了一种可视电话，这个系统使用户在交谈的同时能看到对方。因为费用昂贵，图像质量也很差，只有极少数的人才拥有这种电话，所以并未流行，这是互动电视的最早尝试。随着个人电脑的普及，“互动”这个术语被广泛使用。罗杰·菲德勒在他的《媒介形态变化：认识新媒介》

中对视频互动媒介有这样的描述：

“1988 年，苹果电脑制作了一部叫作知识导航器的录像，来阐释其对未来的见解。在这个阶段的展示中，两个大学教授使用了一种融合了声音、全活动影像、文本、通讯和计算的便携式平面装置，以一种完全直觉和看起来很自然的方式交换和互动信息。”[①]

而现在网络上的电子邮件和即时通信工具如 QQ、微信等的双向或多向互动都已经历了文字、语音和视频互动三个阶段的嬗变、演进历程，也许将来它们还会朝着虚拟触觉、嗅觉、味觉的全感互动方向发展。在电视新闻传播中已经普遍应用的视频连线也是一种具有典型意味的视频互动方式，只是这种互动需要通过卫星、SNG 转播车等专业的设备和人员才能实现，费用高昂，成本很大，还不能在日常生活中为普通人共享。但这所有的一切都表明人类正在努力接近跨越时空的人本交流，期望视频互动媒介成为人们能够普遍使用的日常工具，如已有的电话、电视等媒介一样。

传统电视的新闻传播是相对封闭的，无论是制作还是传输环节，是运用线性的、点对面的大众传播模式制作和传输节目。信息传播前端完全由传播者所控制和把持，受众难以与传播者直接互动和反馈，只能成为沙发上的土豆。

传统电视先天就是一个封闭式的、缺乏互动的媒介，因技术制约而形成了传播单向性、界面封闭性和互动局部性的固有特征。传统电视线性播出的缺点是转瞬即逝，不可回放、不可保存，除非有人专门用录像机把它录下来。而“互动”是新媒体之于传统媒体最大的优势，近些年，为了弥补无法互动的缺憾，电视台都建立了自己的新闻网站、新闻论坛、手机短信平台等互动平台，旨在推动电视新闻节目与观众的互动。但由于技术、机制等因素的局限，多数电视新闻节目的“互动”效果不尽如人意。而网络化的电视则是一个开放的、易于实现互动的系统，因为在网络空间，“同一个人或组织既可以是新闻和信息的接受者，也可以成为新闻和信息的传递者。在这张分散型的传播巨网里，任何一个网站都能够生产发布信息，所有网络生产发布的信息都能够以断续相间的非线性方式流入网络的经纬之中。”[②] 它允许人们在世界上的任何地方即时同步进行交流，也可以在任何时候参加非同步性的讨论，并参与到创造信息的活动中去。因而网络化电视将为电视新闻的互动提供极大的操作空间，形成新型的“全互动”传播模式。

① ［美］罗杰·菲德勒．媒介形态变化：认识新媒介［M］．明安香，译．北京：华夏出版社，2000.

② ［美］马克·利维，木雨．新闻与传播：走向网络空间的时代［J］．新闻与传播研究，1997（01）：8—15,95.

新型的“全互动”模式包括人机互动（如我们使用搜索引擎进行视频查找时，电脑会对我们的命令产生即时回应）、传受互动和受众之间的互动，形成一种“社区”式的传播网络形态。直播的电视新闻提供新闻事件或话题，观众根据自己的兴趣选择收看，并通过互联网络与同时也在收看的其他受众进行即时讨论，对节目的好坏提出自己的建议，或提供自己认为有价值的信息并广而告之，新闻编辑可以同时看到观者的反应（评论或留言），甚至参与到与观者的交流讨论中。在“全互动”的状态下，“看新闻”不再是单纯的受众视听体验，而演化成一种多维的交流行为，受众的行为从“看电视”转变为“体验电视”或“用电视”。媒介传播者不再占据控制地位，“我播你听”的传统模式被改变，“这种网上互动，再现和放大了一种基本的声觉动态属性。”① 对互动性的深刻认识将有利于建立电视新闻传播活动的对话机制，提高新闻传播活动的人文品格和精神内涵。

而据 Rafaeli（1988）的研究表明，具有互动性特征的媒介系统更易被使用者接受，更能给人以满足感，更易学习与掌握，而且能够增加合作感。

在 2008 年的美国大选中，希拉里和奥巴马都在 Twitter 上建立了个人主页，但最终奥巴马获得了 15 万跟随者的支持，而希拉里仅有 6 千多。虽然他们都经常更新消息，但仔细分析发现，希拉里主动回复别人的数量为 0，而奥巴马的团队会即时回复十余万人的消息更新，当有人对奥巴马表示支持时，团队就通过 Twitter 与用户进行信息互动和反馈，使支持者感受到：“奥巴马跟我对话了！”而希拉里这方仅仅把 Twitter 当作单向信息发布平台，而不是交流工具，她并没有回馈那些关注她的人。数字时代的信息消费者希望在媒体使用过程中是有互动的，有回馈的。

4. 建构：良性高效的互动机制

清华大学的崔保国教授曾提出一个蕴含哲理意味的比喻：媒介是条鱼。他把媒介看作是有生命的东西，而只有互动起来，媒介才具有生命的灵动。

当我国选手刘翔在雅典奥运会 110 米栏项目中获得冠军后，新浪奥运频道的网友留言数量一路狂飙，在 10 小时内达到了 32000 多条，几乎平均一秒钟就有一条网友评论，创下全球互联网网民留言的最高纪录，由此可见受众的交流意识多么强烈。

网络时代，单向的传播方式再也无法适应当前的传播格局和受众口味，互动是当下和未来的电视新闻传播实践的基本要求和有力保障。只有实现了互动，开

① ［美］保罗·莱文森．数字麦克卢汉［M］．何道宽，译．北京：社会科学文献出版社，1997.

放的传播格局才得以形成。在充分互动的基础上，电视新闻信息采集的开放、节目结构形态的开放、叙事时空的开放等就会水到渠成，进而达到信息集纳的多维性、传播时空的延展性、传播内容的全面性。电视新闻传播要实现由传者控制的单向线性传播变为开放互动的非线性传播，必须以互动思维和开放思维来构建良性高效的互动机制。

其实，电视新闻业早已意识到单向传播的弊端和双向交互的重要性，并且已经尝试运用各种手段和途径增强互动性，充分尊重年轻代的自主意识和自我表现的需要，摸索建立各自的反馈和互动机制，加强与观众的沟通和交流，增强互动性和沟通感。目前已广泛使用的方法是借助网络、手机等互动平台，开拓与观众互动的渠道，加大与观众交流的力度，将观众置于传播的起始点，而非单一意义的终点，这种交互式开放平台的构建极大地提升了观众的参与性。让观众发表个人的见解和主张，有机整合观众在遇到突发事件时摄录下的 DV 影像，并加以编播，这也有利于扩展新闻的深度和广度。同时，改变了电视一贯的“点对面”式的传播模式，努力营造“点对面”加“点对点”、点面结合的全景式传播格局。

美国的 CNN 在这方面属于先行者，除了利用媒体博客来加强与观众的联系外，2006 年 CNN 又推出一项和全球观众互动的创新之举：它先是和全球著名的视频网站 YouTube 实行跨平台合作，如 CNN 在报道黎巴嫩冲突等事件时多次播放了 YouTube 上的视频片段，后又购买了 i-report. com 和 I-report. com 的域名，并于 2006 年 8 月开始推出 iReport 服务。CNN 创建这一网站的目的在于鼓励民众发送新闻事件的图片及视频给 CNN，据该网站首页公布的数据，截至 2010 年 1 月 7 日，来自全球的民众已向 CNN 传送 403052 条新闻事件的图片或视频，其中 21418 条通过 CNN 的审查所有的影像被分为三类：经过 CNN 审查的、未经过 CNN 审查的、被 CNN 采用的，并被贴上不同的标签，这些影像都可在该网站点击观看。

从其运作模式来分析，第一，建立了简洁直观的网络链接。CNN 网站的首页右上角，可以点击 iReport 进入其链接，观看已有视频或上载视频，也可直接到 i-report. com 网站观看，这两个网站都有简捷直观的观看和上载链接，让网民“get the story”或“tell your story”，且观者可以对任何一个视频发表评论。第二，建立了排行榜和受众反馈制度，网站评选 iReport 中的优秀者，根据投稿量，被点击率、被评论次数综合排名前二十名的被列入“Super Stars”中。而且在两个网站的 iReport 标志旁都有一个“Feedback”（反馈），这是一个对 i-report. com 的调查统计表，对其的建议和批评、评价都可以通过这个表格来递交。第三，对影像拍摄的基础知识和上载方法两个网站都给出了详细的指南，对如何给上载影像做标签，其格式、容量等都有具体要求。第四，在上载页面中，有“See it，Snap it，Send it”（看到它，抓拍它，上传它）及“You maybe the first person to break the news worldwide”（你可能就是全球使突发事件面世的第一人）的宣传语。而在 CNN 的日常节目中，iReport 的系列形象广告每隔半小时就会播出一次，使它富有激励性的形象宣传语“成为我们团队的一员，你能帮 CNN 把新闻告诉全世界”深入人心，容易点燃人们的参与热情。

CNN 这一吸纳民间影像、通过互联网络与世界各地的网民进行互动的长效机制，一方面增强了它的报道能力，如 CNN 在它的网站上所说，“Together，CNN and iReport can paint a more complete picture of the news”（CNN 和 iReport 的联合能描绘出更为立体的新闻图景）；另一方面也为它赢得了更多的人气。

BBC 的新媒体战略的第一要义也是分享，即建立让用户写博客、上传视频及共享 BBC 内容的平台，致力于为用户产生的内容提供更好的平台，让用户参与讨论和创造，使个人可以自由发表意见与观点，甚至与持不同看法的其他博主开展讨论，使 BBC 作为传统媒体从单纯地向受众传播转变为与受众之间实现对话。

2009 年年底新成立的中国网络电视台，也开设了爱西柚频道，它是一个以互动和分享为核心理念、以用户上传视频作为核心内容的视频分享与互动社区，其主要内容来自网民个人和合作机构的上传。在爱西柚保证来源广泛性和内容丰富性的基础上，更引入了目前流行的 SNS（社交网络）概念，目的是充分发挥网络在沟通、交流、协作方面的优势，为用户提供包括好友交互、圈子互动和游戏在内的多种基于视频内容和爱好的互动应用。

山东电视台齐鲁频道提出了“打造中国最具互动特色的大众综合频道”的市场定位，引进了大型多媒体互动服务平台，能够把节目与观众的互动过程、互动内容和互动结果实时反映到节目中。其主打的新闻节目《每日新闻》推出双主持人制度，一位主播在演播室播报，另一位场外主持人同时就节目内容和观众关心的问题在短信平台前与观众在线交流，节目还将主持人在幕后的工作状态实时显示在直播屏幕上。这种做法，拉近了观众和主持人的距离，增强了节目的互动性，每天新闻直播期间的短信平均都在 7000 条以上。从社会学的角度来说，媒介提供的互动服务功能带来的参与具有积极的意义。社会学家俞可平认为，在一个社会中，公民积极主动的参与是实现善治的基本要素，善治是任何主权国家的政治理想，是使公共利益最大化的社会管理过程。善治的本质特征，就在于它是政府与公民对公共生活的合作管理，是政治国家与公民社会的一种新型关系，是两者结合的最佳状态。善治的基本要素之便是参与，这里的参与首先是指公民的政治参与，但不仅是政治参与，还包括公民对其他社会生活的参与，且后者可能会越来越重要。善治实际上是国家的权力向社会的回归，善治的过程就是一个还政于民的过程。美国政治学者卡尔·科恩也指出，如果一个社会不仅准许普遍参与并且鼓励持续、有力、有效并了解情况的参与，而且事实上实现了这种参与并把决定权留给参与者，这种社会的民主就是既有广度又有深度的民主。

这的确是一个美好的前景，尽管人们的媒介参与只是社会参与诸多形式中的一种，但媒介在社会政治、经济、文化的发展进程中起着重要的中介和桥梁作用，是民主的孵化器。

第三节　全媒体融合下电视新闻传播途径创新

一、电视新闻网络传播

与传统电视相比，网络电视有着无法比拟的优势，中国网络电视台日均可提供 750 个小时的海量节目。网络电视集电视媒体与网络媒体的优势于一身，为用户提供全方位的服务，满足用户多样化的需求，如视频直播、视频点播、视频下载、回看时移、互动聊天等。网络电视的这些优势影响和改变了观众的收视习惯，带走了电视媒体的一部分观众。

（一）信息传播的交互性

交互就是交流和互动，网络电视、手机电视等新媒体是一种双向的、交互式的传播方式，改变了传统电视一对多的单向传播模式。传播学意义上的受众是信息的接受者，是大众传播的传播对象，是传播者“对立”的一方。在新媒体的地位逐步上升的时代，受众在信息传播中被动的地位改变了，受众不仅有选择性接受信息的权利，还可以对信息加以改造进行二次传播，传统意义上的“传播者”与“受众”的差异变得模糊。网络电视台出现后，观众只要轻轻按一下鼠标或键盘，就能够成为新闻的发布者，有时观众的参与还可以改变网络电视新闻的内容。

中国网络电视台的《一鸣下午茶》栏目是一档周播的互动访谈栏目，由网友在线提问，专家现场解答，开创了访谈节目的新形式。

观众还可以通过新闻话题发表即时性的评论参与网络电视新闻。中央电视的很多节目在中国网络电视台设有节目的互动论坛，如央视二套财经频道的《今日观察》栏目，网友对当天节目话题发表评论，主持人有选择性地在节目中读出来，邀请专家对网友的评论或意见进行分析。这也是观众直接参与网络电视新闻节目的表现。网络电视新闻的互动性还体现在观众对网络电视新闻的即时反馈上，这也是传统电视望尘莫及的。这种即时的信息反馈是尊重观众的一种体现，观众在中国网络电视台收看新闻节目时，视频窗口设有“顶/踩”键、“评分等级”键、“提建议”键、“意见反馈”区和“留言评论”区，方便观众对新闻内容的反馈。这不仅为观众提供了一个意见反馈的渠道，也为观众提供了一个与其他用户在线交流的窗口。中国网络电视台、优米网等许多网络电视台的视频窗口还有分享、转帖的功能，观众可以通过此功能把自己喜欢的新闻转到其他媒体。

（二）个性化的服务满足受众需求

中国的电视人，必须正视这样一个事实：无论手机、网络还是一种终端，真正对电视形成挑战的，不是这些实体的机构和渠道，而是在这些媒体环境浸泡之下慢慢嬗变的受众。①

在新媒体环境下生活的观众，不再是“魔弹论”中的“靶子”，不再是你播什么我看什么，他们有着强烈的自主意识和自我意识，他们手里的遥控器、鼠标决定了节目的命运。因此，新媒体时代的传媒人必须转变传播观念，真正做到以观众为中心，不过也不能够媚俗、低俗，故意迎合少部分人的低级趣味。

1. 个性化的直播与点播服务

传统的电视新闻是“你播我看”，观众没有选择的余地，处于完全被动的地位；传统的电视新闻是线性播出的，观众只能按顺序收看。网络电视新闻个性化的点播服务最大化地满足了观众的收视需求，只要网络电视台上有的新闻节目，观众想什么时候看就什么时候看，有事情耽搁可以暂停，碰到不喜欢的部分可以快进。除了点播服务以外，观众在网络电视台还可以观看新闻节目的直播，这里的直播与传统电视的线性播出也不是完全相同的，如果错过某个节目的播出时

① 陈漠.2009中国电视红皮书[J/OL].新周刊，2010（6）：1—9.http://ent.sina.com.cn/v/m/2010-03-17/17282900299.shtme.

间，观众可以选择“回看”已经播放过的节目。这个时候点播节目单里不一定会有刚刚播过的节目，要把新闻视频传到网络电视台是需要一定时间的，有的时候甚至要第二天才能够看到，这时直播里“回看”的功能就派上用场了。

2. 温暖贴心的小帮助、小服务

与传统电视新闻相比，网络电视新闻更加凸显了服务受众的观念。网络电视新闻视频窗口的大小可以调节，窗口亮有正在播出节目的名称、起始时间及该频道未来一周的节目单，新闻视频的下方配有相应的文字新闻内容，直播节目的右方帮助受众了解新闻节目的相关信息。中国网络电视台设有专业的客服，可以与观众语音、视频通话，帮助观众解决收看节目时遇到的问题。

3. 人性化的网络编排更加符合观众的收视需求

中国网络电视台对新闻进行了重新编排，除了直播节目和专题节目，每条新闻报道都从原来的栏目里独立出来，单独配上标题，形成几秒钟或几分钟长度的独立视频报道。观众如想查找相关新闻，只需输入关键词即可。网页的左边有搜索范围：全站、新闻、经济、播客、电视、粤语、博客、农家乐、台海、综艺、爱工艺、纪实、汽车等可选，筛选条件包括视频的时长和视频的发布时间，视频报道按照相关度或是时间排序，观众可按照需要，自己选择排序方式，操作起来非常简单。这样分条编排新闻便于观众查找新闻，比如关于“7·23动车追尾”的新闻，观众只需输入“动车追尾”四个关键字。如果是传统电视新闻的话，观众只能在长达20分钟或更长的新闻栏目中等待2分钟的“动车追尾”的相关消息。

网络电视新闻单条视频报道下面还有相关视频的链接，或者是相关专题。这样的编排方式可使读者全方位地了解整个事件，包括事故的原因、救援现场、救援进展、伤亡情况、善后措施、国家相关部门的表态等。从某种方面来说，网络的编排方式使得电视新闻深度性加强。网络电视新闻在发展的过程中也遇到了很多问题，其中技术是影响网络电视新闻进一步发展的重要因素，必须有高速的网络环境才能为观众提供高质量的画面。观众在收看网络电视新闻时就经常遇到技术原因造成的问题，比如画面质量不清晰、视频会卡住、缓冲时间过长等。这些情况加起来可能引起观众收视过程的不愉快、对收视效果的不满意。这些都是网络电视新闻发展过程中亟须解决的技术问题，否则将会造成网络电视新闻观众的流失，束缚网络电视新闻发展。

二、电视新闻手机传播

手机被人们称为“第五媒体”，而今随着技术的发展及手机用户要求的提高，手机已经不再只是一个通信工具，它正在向一个可移动的多媒体终端转变。

麦克卢汉在《理解媒介——论人的延伸》中提到：“媒介是我们感知的延伸。一旦电视业务与手机这种同人们生活黏性极高的‘带着体温的媒体’结合，人们就能摆脱沙发的约束，极大地释放自身自由度，随之而来的是随处延伸的、全新的、多维的视听体验。”[①] 手机电视的出现使信息的传播不受时间、空间的限制，它是一个可移动的“电视机”，它的出现使电视新闻的传播“无孔不入”。

（一）手机电视传播的特点

手机电视具有报纸、广播媒体的便携性，电视媒体的形象直观性及互联网媒体的即时互动性。

首先，手机电视是“带着体温的电视”，这体现了手机电视与用户之间亲密无间的关系，体现了手机电视的个人化与私用性。手机用户拥有对手机电视的绝对主动权，“想看什么我做主”，这与传统电视的家用特征截然不同。

其次，手机电视的便携性与移动性。这是手机电视的最大特点，只要人们有时间，随时随地都可以观看电视节目。手机电视的“随身性、方便性使得受众可以突破传统媒体的时空限制，他们的视听范围瞬时得到延伸，形象地说，这似乎就是将人们的感官能力延伸到了传统媒体中，将个人的信息空间延伸到其他的媒介空间，将受众的认知延伸到社会信息空间之中”[②]。麦克卢汉“人体的延伸”的观点再一次得到验证。

最后，手机电视的即时互动性。如果说网络媒体是即时互动的开创者的话，那么手机电视则把这种互动发挥到了极致。人们可以“边走边看，边看边聊”，突破了时间和空间限制，越来越自由地享受手机电视带来的便利。当有重要事件发生时，通过手机电视可以第一时间了解事件发生的情况与进展，它的快速反应能力也是传统电视所不能比的，而网络电视则因其载体原因，不能随时可看。

---

① 匡文波．手机媒体：新媒体中的新革命［M］．北京：华夏出版社，2010.

② 童晓渝，蔡佶，张磊．第五媒体原理［M］．北京：人民邮电出版社，2006.

（二）手机电视新闻内容分析

目前手机电视新闻节目的来源主要有两个，一是将在传统电视上播出的新闻节目直接平移到手机电视上，包括传统电视新闻节目的直播和经过重新剪辑、编排后的新闻节目，这是目前手机电视新闻节目的主要来源。从长远来看，把传统电视新闻节目直接平移到手机电视上这种做法是不可取的，因为它并不适合在手机媒体上播出，拍摄新闻的时长、角度、景别等都不符合手机屏幕的特点。经过重新剪辑和编排后的这类新闻还是挺受手机电视用户欢迎的，这种新闻节目基本上是点播的，特别是重要新闻的集锦、体育比赛精彩镜头的回放等。从根本上来说，这种对传统电视新闻节目的过度依赖，是手机电视新闻发展不成熟的表现。第二个来源就是专门制作的适合在手机电视上播出的新闻节目，这种新闻节目目前还较少。

不同的媒体有不同的特点，手机媒体应该要根据自身的特点和手机用户的需要来发展适合在手机电视上播出的节目。那么是不是传统电视上所有的电视新闻节目形态都适合在手机电视上播出呢？答案当然是否定的。下文对适合在手机电视上播出的电视新闻节目形态作简要分析。

1. 短小精悍的消息类新闻节目

从手机的性能来说，手机的移动性决定了手机没有足够的电源保障，手机的屏幕也较小，不适合长时间观看。从用户的角度来说，手机电视用户使用手机电视的场景一般是在各种活动之间的短暂间歇中，也没有持续地较长时间观看手机电视节目。

综上，按照传统电视新闻节目形态的分类来说，最适合在手机上播放的电视新闻节目形态应该为消息类电视新闻。首先，消息类电视新闻的时长符合手机电视的特点和观众需求。消息新闻按照时间长短可进一步分为电视短消息和电视长消息，电视短消息的时间长度在 1 分 30 秒（包括 1 分 30 秒）以内，电视长消息的长度在 1 分 30 秒（不包括 1 分 30 秒）到 4 分钟之间。其次，消息类电视新闻有快速的反应能力，这一特点正好满足手机电视移动中观众的收视需求。最后，消息类电视新闻内容简洁、题材广泛。消息类电视新闻的快速反应能力，要求消息新闻在把新闻事件说清楚的基础上“能简则简，能短则短”。消息新闻可以涉及国内外要闻，也可以涉及社会生活的各个领域，如政治、经济、文化等。同样的时间内，集纳式消息新闻节目能容纳的信息更多，能够满足手机电视用户在短时间内获得较多新闻资讯的要求。

考虑到手机电视用户的收视特征，消息电视新闻应包括以下内容：重大政治新闻，最新的政治、政策动态等；经济新闻，与老百姓生活相关的物价、房价以及股票信息等；体育新闻，重大体育赛事的比赛进程、结果以及预告等；不可预知的突然发生的事件，包括自然的和人为的；服务资讯，用户所在城市的气象状况、交通状况等人们生活中随时需要的。

按照消息类电视新闻的表现形式，比较适合在手机电视上播放的为：字幕消息和口播消息，字幕消息的字号要相对大一些，尽量让手机电视观众看得舒适，不要太费力。这类消息新闻节目在手机电视上可以设置为点播的形式，也提供下载的服务，手机电视用户根据自己的需要和喜好点播节目。

2. 重大突发事件可采用直播的形式

如果遇到重大的突发事件，直播形式尤其是现场直播最能吸引观众的眼球，现场直播才能让观众看到“原汁原味”的新闻。对于目前的手机电视新闻来说，要进行现场直播还是要依靠传统电视媒体的力量，这就需要手机媒体与传统电视媒体的合作。这部分观众的需求还是非常大的，因为传统电视直播需要回到家中才能观看，而有了手机电视新闻直播，手机电视用户可以随时随地观看新闻直播。

3. 电视短评节目

电视短评节目言简意赅，在消息新闻后配短评，观众既能够知晓新闻事件，也能够了解新闻事件的意义。

4. 读报节目

电视与报纸两种媒介元素相结合而成的读报节目也很适合在手机电视上播出。因为读报节目的信息量非常大，不过形式可以更简单，“新闻事实+评论”即可。

考虑到手机电视收视环境的不稳定性、易受干扰及收视时间的“碎片化”等因素，手机电视用户不太可能花费较长时间去看情节较复杂的节目。因此其他新闻节目形态，诸如深度报道节目、新闻调查节目、新闻述评节目、谈话类节目等，不适合在手机电视上播出。

当然，将来手机电视新闻发展成熟以后会有适合手机电视传播的不同于电视新闻的节目形态，也会有独立的节目形态分类，此处暂不涉及，这里分析的只是传统电视新闻节目移至手机电视播放的情况。

三、电视新闻移动传播

（一）移动电视的收视特点

移动数字电视是指发送端采用数字广播技术（主要指地面传输技术）播出，接受终端分两类，一类是安装在汽车、地铁、火车、轮渡、机场及各类流动人群集中和其他公共场所的移动载体上的接收终端，另一类是手持接收设备（如手机、超便携个人计算机等），以满足移动人群的收视需求的电视系统。支持第一类接收终端的被称为“车载移动电视”，支持第二类移动终端的被称为“手持移动电视”，本文中的移动电视指的是车载移动电视。

移动电视的一个最大特点就是“移动中的收视”，它针对的是广泛的移动人群，只要运行的交通工具的时速不超过120km，观众就可以观看到稳定、清晰的电视节目。

移动电视的另外一个特点是信息的获取是免费的。观众无须任何投资费用和收视费用，只要付出“注意力资源”就可以了，这一点是很符合中国观众长期以来养成的免费收视习惯的。

移动电视还具有“空间封闭、强迫收视、频道唯一”的特点。移动电视的收视环境是在相对封闭的公交车或火车车厢里，观众没有选择频道或节目的权利，又回到了“我播你看”“我播什么，你看什么”传播状态。这从某种程度上来说是一种强迫性的收视，除非你下车，否则或多或少都会听到或看到移动电视播出的节目。这与其他新媒体，如网络、手机强调“互动”“主动”的传播形式是截然相反的，这种强制性收视可以提高信息的到达率。这种强制性收视也有弊端，有些观众会很排斥这种被动收看的行为，甚至会产生逆反心理或者是抵触情绪，这样一来，移动电视的传播效果就会大打折扣。

（二）电视新闻数字移动传播的内容与形式分析

本书中的移动电视新闻指的是在移动电视上播出的新闻，是广义的含义，包括传统电视新闻移至移动电视播出的和移动媒体自制的在移动电视上播出的新闻。

目前移动电视节目主要包括新闻资讯、综艺娱乐、生活服务和广告等几个方面的内容。其中，新闻类节目深受乘车市民的喜爱。移动电视在内容方面要尽量满足观众的需求，再者，由于移动电视“频道唯一”的特性，观众对内容的要求也会更高。因此，选择大多数市民喜欢的新闻类节目作为主打内容不失为一种吸引观众的好策略。

移动电视新闻的主要来源有两个：一个是来自传统电视媒体，包括传统电视新闻节目的平移和对传统电视新闻进行重新编排、剪辑后的节目，这部分的节目比较多；另一个是移动电视媒体自制的新闻节目。

接下来重点分析适合在移动电视上播出新闻的内容与形式。

1. 新闻节目的时长

市民乘坐公交车的时间较短，公交移动电视收视环境决定了受众注意移动电视屏幕的时间不会很长，因此，公交移动电视新闻节目宜短小、精悍。这样可以保证新闻节目收视的完整性，受众能在乘车时间内观看完整的节目。不过，各个城市的大小规模不一样，公交移动电视要根据城市特点设置新闻节目的时长。列车移动电视的收视时间较长且集中，根据广源传媒所提供的数据显示，受众在车内停留的平均时间是 11. 52 小时，其中有 46. 7% 的时间在收看电视，是城市居民每天收看电视时间的 153 倍。列车移动电视播放的新闻节目对时长没有特别要求，可向传统电视新闻节目借鉴、学习。

鉴于节目时长的限制和移动电视特殊的收视环境，需要观众深度思考的新闻节目不适合在移动电视上播出。原因有两点：一是节目时间过长；二是嘈杂的收视环境使观众的注意力处于分散的状态，无法进行集中的思考。列车移动电视的收视环境会稍微好一些，但观众是处于比较疲惫的状态，也适合播放内容较轻松的节目。

2. 新闻节目的内容要贴近生活

公交移动电视新闻节目的内容除了要有国内、国际时事外，还要有贴近本地人民生活的新闻节目，最好要细化为时事政治新闻、财经新闻、体育新闻、娱乐新闻等，以满足观众需求。列车移动电视可以根据列车的运行区间来确定新闻内容，除了国内外重要新闻外，在省内运行的列车可以侧重本省新闻，贴近受众的生活，以提高收视兴趣。

3. 新闻节目的编排要合理

根据 CTR 市场研究针对 16 个城市 3 期的公交收视研究结果显示，日间公交移动电视的收视率拥有两三个高峰时段且容易获得较高的收视率。这三个黄金时段分别为：早上 7 : 00—9 : 00，中午 11 : 00—13 : 00，下午 16 : 00—20 : 00。因此，可以根据观众的收视特点与需求来安排新闻节目。早上可以播出时事政治等相对严肃的新闻，到了傍晚的时段，工作、学习了一天的人们比较疲惫，可以播放娱乐、体育新闻等轻松的内容。

4. 建立“以受众为中心”的互动传播理念

移动电视的强迫性收视在带来许多优势的同时，最明显的劣势就是缺乏互动。因此，新闻类节目从话题的选择到新闻热点问题的评论与看法都可以征求观众的意见，提高受众主动收看节目的积极性，增强节目的传播效果。

5. 多选择直播的形式

直播最能凸显新闻类节目的魅力，如遇重大突发事件移动电视可选择直播，让在路上的观众仍然能通过移动电视观看新闻。在这方面有些体育比赛类节目的直播就做得很好，比如厦门的观众就可以在公交移动电视上收看厦门国际马拉松的直播。

结语　对未来的预测，对技术的反思

一、对电视新闻未来的预测

（一）利用媒介融合整合多元信息势在必然

在过去信息源相对单一的时代，电视媒体对于观众来说，是强势主宰。你拍我看，你拍到什么，我看什么。进入全媒体时代，少量的新闻甚至是很有局限性的新闻，显然不能适应观众的需求。全媒体时代的信息源十分丰富，受众的选择也呈现多样化的趋势。从信息源看，呈现出全方位的趋势，来自报纸、广播、互联网、手机等载体上的信息可谓海量。但从电视的视频特点看，视频信息源理应是电视台重点吸收的对象。

可以预言，面对全媒体的新闻源，未来几年，电视的信息源将会发生根本性的变化，多渠道、多方位让信息变得富有选择性。这时候，电视台要做的就是要将来自各方面的信息集纳、整合，建立电视新闻信息资源中心，该中心以视频信息为主导，同时吸纳各方面的信息，集中到一个平台上，供各档、各类新闻选择。新闻信息资源中心尤其要重视视频信息的集纳与整合。电视台将这些信息进行整合、分类，根据各档栏目的特点分发使用。一个不容忽略的事实是，面对海量信息，电视编辑的功能与作用被日益凸显出来。编辑要做的工作是筛选并设置议程，但这不是一个编辑所能解决的问题，而是要靠编辑团队来负责处理。可以断言的是，未来几年，电视台会越来越重视编辑的力量。

（二）权威性是电视新闻的第一追求

全媒体时代，传统的电视新闻还有多少优势？事实上，很多的大事，在快捷性上电视已经落后于网络。很难断定独家是否为优势。因为在全媒体时代，电视很难做到独家。电视媒体全面吗？相对于网络媒体来说，电视媒体的信息量显得十分有限。那么，作为传统电视，还剩下什么？答案是基于可信度基础上的权威性。

与权威相反的描述就是可信度低，不能说全媒体时代的网络新闻、手机新闻的可信度一定就很低，相反，有的重大事件恰恰就是网络或手机发布的，有人甚至断言，我们已经进入一个公民记者时代。媒介专家认为，网民天生有报道的欲望并正在付诸实践，“公民记者”大量出现，且往往能在热点事件发生后，形成一定的意见群，从而左右舆论走向。近年来，这样的例子并不鲜见。应该承认，突发事件中“公民记者”的优势首先体现在发布新闻的即时性上，但不容回避的是，“公民记者”毕竟不同于职业记者，他们发布的信息的真实可靠性，缺乏专业把关，问责制度也有待健全，导致部分消息发布者无视或忽视新闻的真实性，其报道常带有强烈的个人主观感情色彩。这时要想方设法强化电视媒体的权威性。究竟如何强化，这是个具体的操作层面的问题。首先，电视台要重视提高记者队伍的素质。电视台记者都是经过专门培训的，社会责任感要求他们重视媒体的真实性。其次，电视媒体提供的资讯信息要真实，要让观众感到看电视比看网络心里踏实。最后，要对正在发生的新闻进行权威分析，让受众看见新闻背后的意义，让受众感觉到，仅仅看网络新闻、手机新闻是远远不够的，换言之，让受众对电视媒体产生脱离不了的依赖感。

二、对电视新闻传播技术的反思

（一）电视新闻是否将迷失于技术乌托邦之中

当技术纷至沓来，时代、媒体与个人都被技术所包围。在无可改变的趋势下，人们不得不选择技术所决定的方向、方式，没有哪个媒体可以无视技术所改变的一切。法国学者埃吕尔则认为，当代社会就是一个技术社会，在这样的社会里，任何东西都出自技术、依靠技术而存在，技术成了驱动社会发展的决定性力量。甚至有人断言 2016 年“电视将死”。如果从技术的角度来看，电视的概念的确有朝一日是会被改写的，但是对于一个媒体及其所具有的内容样式来说，形式仅是一种外在的表现，其内在的价值诉求、精神品质、专业内涵才是成就它的本质所在。面对技术如此强大的力量，电视与电视新闻所能够坚守的又是什么呢？

技术的高歌猛进成为媒介话语的核心力量。在面对所有关于当下新闻的讨论中，技术成为支配各种力量最为敏感的中心词，甚至在所有的议题中都会或多少地出现它的身影，这种影响力足以验证媒介技术在引领新闻传播发展中举足轻重的作用。不可否认的是，媒介技术开启了新闻传播无限的想象空间，它使人们在传播手段、表现手法、思维模式上的创新超越了以往任何一个时代，但是人们不能忽略的是，技术不是新闻传播的全部，它也不能替代新闻传播。事实上，媒介演进的路径是一个技术与社会相互作用的复杂过程。不同的历史时期和发展现状，技术与社会的影响力是有所不同的，因此无论技术占主导还是社会占主导的绝对观点都是有失偏颇的。

新闻传播的历史无疑就是一部媒介技术的发展史，技术决定论也曾在这一历程中显现出它独具的思想魅力，拓展了人们对于大众传播的认知空间和可能性，这一理论在讨论社会与媒介之间的关系中将技术居于核心地位，甚至认为对于社会来说，真正有意义、有价值的“讯息”不是各个时代的媒体所传播的内容，而是这个时代所使用的传播工具的性质、它所开创的可能性及带来的社会变革。但是今天当我们讨论媒介技术时却显现出这样一种趋势：技术代表着媒介内容发展的所有未来。这种理论显然存在着对技术夸大的偏执。其实如果试图用一种因素代替其他因素，或使它成为决定性因素时，在思想层面就可能存在这样的思考，即我们试图回避其他相关因素，以及这种因素中具有最大的话语空间。然而当理性的探究变成一种没有节制的过度想象时，技术的存在必将被妖魔化。这种变异又往往与思考者自身的利益紧密相关，成为还原他本质目的的有力工具。这种趋势会走向两种极端：技术的排他性和媒介的同一性。

当下，在所有新闻的发展路径中，人们关注的焦点大都集中在技术维度上，无论学界还是业界都一致认为对于当下的新闻传播来说，技术是改变新闻的核心要素，也是能够吸引受众的最关键要素。这种理念的背后是人们对思想的回避、对商业利益的又一次妥协。新闻传播的核心要素——人文精神也迷失在技术的狂想中，而“人”的价值也被置于边缘地带。“身体的在场”是否就可以取代“我思故我在”的精神坚守？这场技术的革命是否真的席卷了新闻传播以符号为中介的思想角色？作为传播者或受众的人类的价值是否在技术的精心设计下落入了空洞的陷阱？如果今天我们对技术的思考能够将其视为内容发展的一种变量，重新将其放置于社会、权力的维度中，它的确具备一个极大的话语空间。在技术语境中最大的特征就是“自由”，这其中包括技术本身的工具性及在工具范畴内讨论的自由。对这种“自由”的刻意追求也就意味着某种回避，这种遮蔽也显现出学理探讨的自我逃避。事实上，在技术主张的背后依然是社会发展的核心议题，而不能把它仅囿于操作层面，将其推向为内容变革的极致力量。

在技术为我们开拓的崭新的想象空间和话语空间中，我们的确获得了意想不到的快感——技术不仅能带来经济上的好处，还创造了人们感知现实的方式，而这些方式是理解各种社会及精神生活的关键。[①] 在我们讨论这场变革时，技术的语境被不断放大，究其原因便在于它重构了媒体与受众之间的联系，这种立场、主张激活了技术的想象空间，也为新闻的创制带来更多的可能。然而，在创新的背后依然会显现历史积淀中的专业价值、专业理念等这些思想内涵的精神要旨。如果追溯电视新闻在中国发展历程中的足迹，就不难发现，在时代巨变中，它以专业的精神、专业的品质成就了其在传播格局和社会结构中的地位，打造了我国电视行业的新闻标准，构建了与国际对话的新格局，这些不仅是靠媒介技术就可以完成的，它是对内容核心价值的追索、打造与锤炼。从这个层面来看，技术是不能取人们对于当下新闻本质的思考的。体用之争的目标，其实还是要回归到事物的本质当中的。变革是事物发展的一种重要驱动力，但是在事物存在的本质特征中，必然保留着具有稳定性的因素。正因此，革新的力量才能有着力点，并以此发力影响全局。辩证地看待媒介技术的影响力，也是我们厘清新闻发展思路的关键。那么在变与不变中，对于电视新闻来说，应该坚守的本质特征又有哪些呢？

这是一个理论层出不穷的时代，实则也是一个缺乏定论的时代，新闻理论的诸多本质在技术的革新下的确面临着被改写的可能，对于这样一个专业价值体系来说，人们当下最为重要的是明确那些具有稳定性的价值理念。它要为新的技术条件奠定长久发展的根基，要重构自身的范式和话语机制，从而彰显出实践层面改革的价值与意义。对于电视来说，其本身的娱乐价值、商业价值始终是业界最为关注的要点。而作为一个专业机构的新闻生产，其影响力则在日渐消退，当这种制作不能被转化为一种商业价值时，它的存在就会被无限边缘化。但是对于电视新闻来说，它与其他电视节目不同的是，新闻的价值不会与商业价值完全对等，新闻在体现自我价值时往往要与商业价值保持距离。新闻中最核心的本质依然体现为它对于社会、时代的关切度、关联性，而不能将其沦为娱乐或金钱的附属品。这是新闻存在的最重要的合理性之一，也是在不同时代、不同媒介技术条件下、不同政治语境中，新闻作为个体价值的本质之一。

（二）技术视野下的媒介伦理

在新的媒介格局下，一方面网络舆论甚嚣尘上，新媒体在促进公民意识觉醒、公民身份认同、公民参与逐步实现的过程中也成为各种社会力量角逐的重要场

---

① ［美］尼尔·波兹曼．技术垄断：文化向技术投降［M］．何道宽，译．北京：北京大学出版社，2007.

所；另一方面裹挟着各种利益诉求的虚假信息也乘虚而入，使基于传统责任理论的媒介伦理在新媒介空间中成为一个无法绕过的话题。随着传统媒体与新媒体融合的深度与广度的加强，这一问题就不仅是新媒体的个体问题，而是关于整个媒介体系的核心议题。然而在不同的政治制度、社会制度下，媒介伦理的内涵与逻辑也不尽相同。在发达国家，新闻专业主义及其媒介伦理是在自由的前提下，新闻界对媒介传播的自我要求、道德审视与行为约束。新闻专业主义及与此相关的“社会责任理论”，主要指自律。这种职业共同体内的自我规范和相互监督，与中国在用到“社会责任”一词时，通常指“天下兴亡，匹夫有责”式的对外承担社会义务，是很不相同的。对于当下的中国媒体来说，媒介伦理意味着一种道德自律，反之，自律是一种道德审视，更是一种伦理精神，它强调的是自愿，体现的是一种境界。没有权利的享有与精神的自由作为伦理前提，便谈不上道德的自律。

媒介伦理在国内一直是一个相对边缘的话题，这其中的原因众多，但是在这个社会深度变革、媒介技术层出不穷的时代，我们对于这个议题的沉默或所言甚少，实则是对自身的一种迷茫和无知。伦理本身是一种道德规范，是对当下这个时代的一种规范性认知，尽管它仅仅是从道德层面批评和认识媒介行为，但是也可以在一定程度上廓清专业的边界，这其中必然包含着社会层面的共识、价值标准精神向度。不幸的是，当人们在滔滔不绝地论述着媒介技术所带来的各种可能，以及它所创造的各种美好时，恰恰是人们有意或无意地将那些负面影响屏蔽掉时，或是暂时将其束之高阁。我们一方面无法找到解决新媒体中如何进行自我约束的重要角度和主要方法，面临着伦理上的自身困境；另一方面又在制度性力量的左右之下不能运用专业价值体系真正面对问题之本。这种两难困境使得当下的媒介伦理问题始终处在随时随地发生的风险境地之中。

对难民的新闻报道是2016年的一个热点。各介质的媒体采用极为不同的方式来传递新闻信息，表达关注姿态，更重要的是期待引起情感共鸣，这才有可能寻找解决的路径。如果从这个角度来说，VR技术（虚拟现实技术）无疑是一种最佳的技术选择，因为它可以让观众身临其境地看到新闻发生的现场。但是当人们面对一个5岁小男孩在偷渡中溺死并停尸海滩的新闻，所有拥有VR技术的媒体却选择了放弃使用虚拟现实技术。这是因为媒体的伦理共识非常明确——媒体不应该重现死亡，这是对死者最基本的尊重，也是新闻所应秉持的基本伦理尺度。但是媒介技术的伦理边界究竟在哪里？这不仅是一个理论问题，更是一个实践问题。著名媒介学者、美国伊利诺伊大学香槟分校的克理福德·G. 克利斯琴斯教授将真实（Truth）、人类尊严（Human Dignity）和非暴力（Non-violence）视为全球化视野下媒介伦理最核心的三大理念。在虚拟技术、大数据等一些以技术为导向的新闻成为主流的报道方式时，媒介技术的伦理风险也就会随之增大，如有学者认为 VR 技术会剥夺人们的想象力，窄化人们对现实的感知空间，用局部替代全景，用图像固化和局限事物的丰富内涵，形成对传播意图的偏离和传播效果的异化。VR 新闻在它貌似全面、客观和真实的呈现背后有着更多的人为建构，因此对受众可能有更大的操纵性甚至欺骗性。在技术逻辑背后的核心理念已将原先的受众转为用户，尽管在实践操作层面这种认识本身没有错误，但是对于新闻报道来说其本身的核心价值与商业需求之间存在着不可逾越的鸿沟，在某些时候甚至会成为一种对抗性的力量。

当前，媒介技术在被使用的过程中，已经表现出被操作、被利用的端倪，而所谓的“真实”又在新闻核心价值观的掩护下变得合情合理，人们在追求新闻更完美的表达方式、更符合新闻本质传播方式的过程中却不自觉地陷入了人类自我的陷阱中。媒介伦理必须是在现实的社会环境下运行的，因而在实践层面就包含了“本土化”的内涵，它从行动逻辑上指向了自我价值体系坐标的建立。中国社会正处于极速转型的发展期，其中最令人唏嘘的就是道德标准的混乱，它所引发的深层次问题已不仅涉及道德本身，而是触及了整个社会的方方面面。从这个角度看，技术的伦理风险并不仅仅关系技术本身。中国新闻界在技术的探索中最为迫切的是急需建构自我的媒介伦理价值体系，它不仅可以解决人们在实践中的道德困惑，也会使人们在传播国际化的发展趋势中构建自身的认知标准，走出伦理理性“去西方化”的固有模式，这样才会在媒介技术的实践中降低风险，确立正确的发展路径。

媒介伦理本身是一个非常复杂的问题，选取什么样的认识角度决定了人们对于其中各要素的判断。理论层面的探讨也会随着媒介技术的应用而变得更加丰富，它给人们带来的警醒也势必会成为媒介技术伦理急需反思的重要议题之一。

面对层出不穷的新媒介技术，电视新闻已没有无视它的空间与可能性。在技术的时代，电视新闻在技术与内容的双向互动中，必须让彼此成为相互的支撑，在这种互动中构建两者匹配的行动路径和思维方式。在人类所有的经验中，“技术服务于新闻，而不是新闻服务于技术”始终被视为最基本的准则，事实上，这种本体之争，其本质仍是将人置于最核心的位置。而我们对于媒介技术讨论的根本其实就在于要廓清技术与人之间的关系。

（三）技术视野下电视新闻的未来

在这个媒介技术急速发展的时代，媒介内容的生产无疑映射了媒介更迭的时代特征和媒介技术逻辑演进的内在秩序与结构。因而无论我们从何种角度审视、探讨媒介内容，都无法将其从媒介技术的宏观框架中抽离出来。然而面对新媒体所带来的新的媒介格局与应用环境，电视内容的制作、创新都变得毫不轻松。近年来，对于电视新闻的未来不论是实践界还是理论界都充满了迷茫，甚至一些人认为电视新闻将没有未来可言。这种说法在一定程度上反映了电视新闻生产的内在焦虑。

电视新闻正处在变革的十字路口，它将面临的主要问题可能不仅是向何处去，更需要回答的是“我是谁”的问题。身份问题疑惑的表面可能会带着鲜明的技术标签，但是它的本质仍将回归于“人”。在所有技术的背后是人的情感、价值、思想与需求，这一问题的本质也就转化成了技术应能够最大限度地体现电视新闻本身所具有的人文精神。从这个层面来看，电视新闻的发展绝非简单的技术问题，面对层出不穷的新技术，电视新闻需要调整和变革的应是它将如何体现这个时代，如何与人的内心建立新的关联。

对于电视新闻的未来我们可以从两个层面来理解：一是电视新闻的外在形态将会发生怎样的变化；二是电视新闻的内涵将会有什么样的变化。当这两个问题找到答案，其实就解决了电视新闻在当下媒介变局中的身份问题。媒介融合的发展趋势正在逐步地打破媒介的技术壁垒，它一方面将媒介技术的优势进行整合，在功能上进行互补及内容资源的分享与共用，同时也在发展中生发新的技术带动力，从而使更多的受众获取技术的红利；另一方面，这种技术状态正在向社会形态转变，它以一种融合的样式渗透于人们的日常生活中，也就使原本处于一个价值层面的内容发生了内涵上的变化，这种内容上的多元化其本质最终仍将指向人的需求。从这个角度来看，电视新闻内容的价值指向和追求就成为它发展的关键要素。

电视新闻在新媒介环境中的重新出发，起点是对新闻内涵的深入探析和广泛拓展。事实上，新的媒介技术所带来的不仅是媒介格局的变化，更会引发新闻本体的变革，这种内涵与外延的拓展必将与时代发展紧密相连。对于新闻本身来说，我们不应忧虑它是否会沉沦于技术的勃兴，而应清醒地认识到，是外在形式的变革激发了新闻的内在活力。在此危机与机遇并存的新时代，电视新闻人应着重思考：新闻应如何成为社会生活的重要组成部分？抑或说新闻在当下该如何直抵人心？所以说，在这场变革中，技术、传受关系、传播环境的改变均为外在，应时而变、价值卓越的内容才是经久不衰的内核。

参考文献

[1] 文红．电视新闻编辑理论与实践［M］．太原：山西经济出版社，2018.

[2] 杨庆国．电视编辑与创意制作［M］．合肥：中国科学技术大学出版社，2018.

[3] 靳斌，张树锋．实用电视新闻采制教程［M］．北京：中国国际广播出版社，2017.

[4] 田维钢．新技术时代的电视新闻制作与传播［M］．北京：中国广播电视出版社，2009.

[5] 朱小翠．舆论的隐喻引导与组织认同：新媒体环境下新闻编辑舆论引导功能研究［M］．杭州：浙江大学出版社，2014.

[6] 杨凤娇．中国电视新闻传播格局的变迁［M］．北京：中国广播电视出版社，2009.

[7] 张柱．新媒体时代的电视新闻生产——平台思维与流程再造［M］．北京：中国人民大学出版社，2015.

[8] 黄匡宇．当代电视新闻学［M］．上海：复旦大学出版社，2010.

[9] 王首程．电视新闻传播［M］．北京：中国广播电视出版社，2010.

[10] 宫承波，刘逸帆．电视新闻频道发展研究：兼论新媒体时代电视新闻的生存空间［M］．北京：中国广播影视出版社，2016.

[11] 钟央．电视新闻全媒体融合［M］．北京：科学出版社，2016.

[12] 张斌，王玉玮．电视新闻生产：理论与实践［M］．上海：上海交通大学出版社，2017.

[13] 曾祥敏，周逵．电视新闻学［M］．北京：中国传媒大学出版社，2015.

[14] 黎炯宗．电视新闻学［M］．广州：广东高等教育出版社，2008.

[15] 王文利，岳璐．广播电视新闻典型案例评析［M］．长沙：湖南人民出版社，2015.

[16] 杨琳，罗朋，陈燕．广播电视新闻学［M］．西安：西安交通大学出版社，2016.

[17] 唐宁 . 民生视角 —— 电视新闻评论 [M]. 北京：中央文献出版社，2013.

[18] 孙琳琳 . 电视新闻编辑 [M]. 沈阳：东北大学出版社，2008.

[19] 吴信训 . 新编广播电视新闻学 [M]. 上海：复旦大学出版社，2006.

[20] 周宁 . 新闻报道创新研究 [M]. 成都：四川大学出版社，2013.

[21] 谭云明，郑坚 . 新闻编辑学 [M]. 武汉：华中科技大学出版社，2015.

[22] 曹旭，张玮 . 荧屏实战：电视新闻编辑初探 [M]. 上海：东方出版中心，2009.

[23] 岳淼，迟月利 . 应用电视新闻学 [M]. 厦门：厦门大学出版社，2014.

[24] 何志武 . 重构："三网融合"对广播电视新闻传播的影响 [M]. 武汉：华中科技大学出版社，2016.

[25] 朱菁 . 电视新闻学 [M]. 杭州：浙江大学出版社，2001.

[26] 牛光夏 . 融合、转型 —— 电视新闻传播新论 [M]. 上海：复旦大学出版社，2012.

[27] 杨志军 . 新媒体时代电视新闻编辑的创新路径探索 [J]. 传媒论坛，2019（22）：38.

[28] 程朱然 . 新时代电视新闻编辑创新路径探析 [J]. 连云港职业技术学院学报，2018（04）：47—49.

[29] 王飞 . 媒体融合背景下电视新闻编辑记者的全媒体转型探索 [J]. 西部广播电视，2018（23）：159，161.

[30] 薛红玉 . 网络新闻编辑的发展与创新策略研究 [D]. 北京：北京邮电大学，2010.

[31] 梁潋之 . 媒介融合背景下我国传统媒体新闻编辑转型研究 [D]. 南宁：广西大学，2013.